The Nightingale, Bahá'u'lláh

The Nightingale, Bahá'u'lláh

Janet Ruhe-Schoen

Badí' Publishing
Phoenix, Arizona USA
www.badipublishing.com

Copyright © 2004 by Janet Ruhe-Schoen

All rights reserved. No part of this book may be reproduced, transmitted, stored in an information retrieval system, or transmitted in any form or by any means, electronic, mechanical, photocopying, recording, or otherwise, without written permission from the publisher except in the case of brief quotations embodied in critical articles and reviews.

First American edition, October 2004

Spanish translation by Jaleh Ruhe
and Pedro Zenker
with the assistance of José M. Fierro

Book Design by Tom Viator

Badí' Publishing Corporation
PO Box 39651
Phoenix, Arizona 85069 USA
www.badipublishing.com

Publishers of Bahá'í calendars and books since 1992.

Scanned into print-on-demand by Bahá'í Publications Australia, 2023

Contents

The Vale of Love 10
The Father of the Poor and the Mother of Consolation ... 15
Enter Therein, in Peace, Secure 18
The Fragrance of the Garment of the Merciful 20
He Cheers the Disconsolate and Feeds the Hungry 22
Unveil Thyself, O Revealer of Truth 24
That Mystic Dawn 26
Year of Revolutions 29
A Veritable Miracle 33
Darkness 36
Light 44
The Throat Thou Didst Accustom to the Touch of Silk .. 46
Is There Any Remover of Difficulties Save God? 49
The Nameless One 52
We Weep for Thee, O Most Great Mystery 58
Tears Like the Rain of Spring 62
A Thousand Claws of Envy 64
Poison 67
Can One Fix One's Gaze Upon the Sun? 70
Banners of Light 74
Metropolis of the Owl 77
That All the Dwellers of Earth be United 80
More Manifest than the Sun 82
A Door of Hope 86
Sounds, Silences, Fragrant Breezes 88
Manifold Wonders and Marvels 92
I Remember Him and His Overwhelming Majesty 95
The Nightingale of Paradise 98

With thanks to my husband and children
for their spirit and support
this book is dedicated
to the purpose of peace

In the 1800s, in the fabled land of Persia, now called Iran, a man of gentle birth and spectacular wealth abandoned all worldly pleasures and benefits to endure torture, imprisonment and exile, and with the power of sacrifice establish the Bahá'í Faith. To be a Bahá'í is to be a follower of Light or Glory. The name of the man was Bahá'u'lláh, the Light of God, the Glory of God.

Now it is over a century since His death in 1892. Historians well-versed in Farsi, Arabic, French, English and other languages have eagerly probed His well-documented life to write large and scholarly volumes about Him and translate memoirs by people who knew Him. From their labors, with gratitude to them, comes this distillation, a recounting of His life in stories.

The Vale of Love

He is the King, the All-Knowing, the Wise!
Lo, the Nightingale of Paradise
singeth upon the twigs of the Tree of Eternity,
with holy and sweet melodies,
proclaiming to the sincere ones
the glad-tidings of the nearness of God . . .

WHEN A BABY WAS BORN at dawn on November 12, 1817, in a palatial mansion in Tehran, Iran, it seemed just another son had been born to a large and wealthy family, a son to be spoiled and pampered, to grow up perfumed and bejeweled, arrogant with privilege and power. But a famous religious teacher revered as a saint was visiting Tehran at the time and, hearing of this particular birth, he prayed for the newborn, calling the child the "hidden treasure of God."

The baby was named Husayn-Alí – Bahá'u'lláh was a title He would take many years later. His father came from a district called Núr, or Light, and the family had a summer home there. In that land of light were high mountains crowned with eternal snows, wildflower meadows, and, by the bright Caspian Sea, ancient forests filled with nightingales. It was a land of legends, one of which prophesied that within it would grow a celestial tree with branches touching heaven and bearing fruit that would give life to the world. The child loved that dazzling countryside, preferring the fierce freshness of its air and waters to the wealth and position he would inherit.

His mother remarked that as an infant He never cried; He astonished her with His calm patience and grew into a dignified, tranquil child. When He was five or six, He dreamed that He was in a garden where huge birds attacked Him yet He was unharmed. He went to swim in the sea. Fish attacked Him, yet He was uninjured. He told His father of this, and His father consulted a soothsayer who said garden and sea represented the world, birds and fish the people: Bahá'u'lláh would be attacked for giving a great message, but He would triumph.

Perhaps because of this, Bahá'u'lláh's father inscribed this verse from an Islamic tradition about Moses over the main gate of one of his mansions:

> This is the vale of love,
> Hold thy steps;
> This is holy ground,
> Shed thy shoes.

Despite the father's respect, the child's education was limited to riding, marksmanship, fencing, calligraphy, Persian poetry, court etiquette and the Holy Qu'rán, according to custom. Science, western languages, world history, literature were ignored. Court etiquette was considered most important, since the Sháh, known as the King of Kings, was all-powerful.

The child learned early not to be impressed with that power when He watched an elaborate puppet play in which the miniature king, in a shining crown, first ordered a thief executed, then sent soldiers to quell a rebellion. Tiny soldiers fired tiny guns, clouds of smoke rose, rebels fell and red liquid "blood" flowed. After the curtain closed, Bahá'u'lláh saw the puppet-master come out from behind it with a box under his arm.

"I asked him," Bahá'u'lláh remembered, "'What is this box? Where are the king and all the men?' He answered that all these great things and manifest objects, such as kings, princes and ministers, the glory, majesty, power and sovereignty…were enclosed in this box.…"

The child grew into a young man known for His wisdom, eloquence, and sweet temper. The important men, courtiers to the S̲h̲áh, who surrounded His father also surrounded Him, seeking His advice, and children always wanted to be with Him. He enjoyed people and nature: He roamed gardens, woodlands and meadows, sometimes on foot, sometimes on horseback, sometimes alone, often with friends.

He only became angry at disrespectful references to any of the Messengers of God. Once, He was listening while a teacher much favored by the S̲h̲áh held forth to an obsequious group, describing the level of spiritual detachment that humans could, and should, attain. He claimed to be so detached that, if Jesus Christ appeared at his door and asked for him, he would have no desire to see Him. Everyone murmured flatteringly. But Bahá'u'lláh courteously asked what he would do if the S̲h̲áh's chief executioner, accompanied by ten soldiers, appeared at his door and told him the S̲h̲áh demanded to see him. He had to admit, "I would feel a bit worried." Bahá'u'lláh replied that, in that case, he shouldn't dare claim that he was too detached to answer if Jesus Christ summoned him.

The Father of the Poor and the Mother of Consolation

FOLLOWING TRADITION, Bahá'u'lláh married when He was very young. His bride was a beautiful young woman from an affluent family, and He called her Navváb, a title of respect for a great lady. "It is adding wealth to wealth," people commented when they married. Forty mules carried her bejeweled possessions to her husband's home. Her daughter later recalled that Navváb was slender and graceful, with dark blue eyes, and she was a queenly, wise and gentle woman.

Because of their constant, personal, kind attentions to the needy, Bahá'u'lláh and His wife became known as the Father of the Poor and the Mother of Consolation. They had no interest in glamour. Although they were invited to functions at the Court of the Sháh, they rarely attended. Nor did they attend many of the dinners, teas and wine-irrigated galas of the aristocracy. But they daily entertained all sorts of people in their home.

When Bahá'u'lláh was twenty-two, His father died, and the Sháh offered the father's position at court to the Son. Bahá'u'lláh refused. The Prime Minister, a serpent of a man with no love for Bahá'u'lláh, nevertheless remarked, "Such a position is unworthy of Him. He has some higher aim in view. I cannot understand Him ... His thoughts are not like ours. ..."

At one point, the Prime Minister was angry because he wanted to buy land owned by Bahá'u'lláh but Bahá'u'lláh wouldn't sell it in consideration for the rights of the people who lived on it. So, the Minister jealously attacked Him: "What is all this feasting and banqueting? I, who am the Prime Minister of the S͟háhans͟háh (King of Kings) of Persia, never receive the number and variety of guests that crowd around your table every night. Why all this extravagance and generosity? You surely must be meditating a plot against me!"

"Gracious God," commented Bahá'u'lláh. "Is the man who, out of the abundance of his heart, shares his bread with his fellow-men, to be accused of harboring criminal intentions?"

The Prime Minister, for once, took refuge in silence.

It was Bahá'u'lláh's fame as the Father of the Poor, His reputation for generosity and detachment from material possessions, which made it possible for a certain letter to be delivered into His hands.

Enter Therein, in Peace, Secure

🖋 THAT LETTER CAME from a young merchant in the Persian town of Shíráz and was carried from that distant city to Bahá'u'lláh by a great traveler and seeker.

The seeker was a student of the man who had prayed at Bahá'u'lláh's birth for "the Hidden Treasure of God," and of his successor who, before dying, had instructed his students to fast and pray, to find One who would be called the "Gate of God", by following inner guidance. Some of the bereft students didn't bother, pleading family, business or other obligations. But our seeker, Mullá Husayn, isolated himself for forty days and nights. He fasted, prayed, and began his journey from the banks of the Euphrates River in Iraq. Following inner guidance, he first traveled by ship, then walked overland for months across deserts and 5,000 foot mountains until, one day, he crossed a long green plain to stand, as evening fell, outside the walls of Shíráz.

Perhaps, as he contemplated the city's sky-blue domes against the backdrop of snow-covered mountains and inhaled the scent of orange blossoms and roses from hidden courtyards, he wondered why his heart had led him there. Then, at the very gates of the city, he was greeted warmly by a young man with a quiet, beautiful face, who invited him to be a guest in his home. The young man had a musical voice, an upright bearing, a compelling manner. Mullá Husayn could not refuse, and followed Him down the winding streets to His door. There, the young man quoted from the Holy Qu'rán, with great authority, "Enter therein, in peace, secure."

Mullá Husayn, dusty with his journey, wanted to go into another room and wash, but his young Host insisted on Himself pouring water over the traveler's hands. He prepared tea, served it, and invited Mullá Husayn to pray with him, for it was time for evening devotions. The two prayed, then began to converse as evening lengthened into night.

Mullá Husayn later recalled, "I sat enraptured by the magic of His voice and the sweeping force of His revelation...spellbound by His utterance, oblivious of time...He then addressed me in these words: 'O thou who art the first to believe in Me! Verily I say, 'I am the Báb, the Gate of God.... ."

The Fragrance of the Garment of the Merciful

✒ THE BÁB HAD BEEN admired all His life for His honesty, serenity and brilliance. His given name was Siyyid 'Alí-Muhammad. "Siyyid" indicated that He was a descendent of the family of Muhammad, and He wore a green turban to indicate that, too. As a small boy, He had been dismissed from school, where lessons consisted of memorizing the Holy Qu'rán, because the teacher said he "felt unworthy...to teach so remarkable a child." The Báb had insisted on, not merely memorizing the words, but expounding upon them. He was raised by an uncle and with him worked as a merchant, but He spent hours in prayer, turning His face toward the rising sun and chanting, "Oh God, my God, my Beloved, my heart's desire...."

On the fate-laden night of May 23, 1844, while the Báb was with Mullá Husayn, His wife, awakening alone in the darkness, saw the light in the room where they sat and climbed the steps in search of her husband. "There I saw Him," she later recalled, "standing in that chamber, His hands raised heavenwards, intoning a prayer in a most melodious voice, with tears streaming down His face. And His face was luminous; rays of light radiated from it.…"

She was so overcome that she was about to cry out, but the Báb gently gestured to her to go back. She returned to her room, where she wept over her 26-year old husband with a prescient sorrow, for His was the path of martyrdom, and hers was to endure. Bahá'u'lláh wrote of her, after her death, "Thou art she, who, before the creation of the world of being, found the fragrance of the garment of the Merciful."

In the days that followed, eighteen more seekers came to the Báb on their own as Mullá Husayn had done. They, too, found the fragrance of the Merciful. They were the first Bábís. The Báb sent them out into Iran and Iraq to announce His presence. He Himself went to Mecca, to announce Himself in Islam's most holy place. Mullá Husayn hoped to be chosen to join Him, but that was not to be. Disappointed, yet resigned and humble, the great seeker was sent upon another quest.

He Cheers the Disconsolate and Feeds the Hungry

◈ MULLÁ HUSAYN WAS to travel to Tehran in search of a person who met certain, specific standards, and present to Him a scroll containing a letter from the Báb. En route to Tehran, and in the city, Mullá Husayn lodged in humble rooms, teaching continually. Expectation of a new Revelation was high, but religious fanaticism was rampant. Mullá Husayn was met with fiery interest by some, cold rejection by many. One day, a youth from the district of Núr came to study with him in his modest quarters. Mullá Husayn asked, "Tell me ... is there today among the family of the late Mírzá Buzurg of Núr, who was famous for his noble character, his charm and artistic and intellectual attainments, anyone who maintains the same high traditions?"

The student replied that Mírzá Buzurg had a son who was very like him. Mullá Husayn asked what this son did, what was his occupation?

"He cheers the disconsolate and feeds the hungry."

Mullá Husayn asked if he had any rank or position, and was told, "He has none, apart from befriending the poor and the stranger." Mullá Husayn asked his name, his favorite calligraphic style, found out his age (28) and learned of his love for country rambles. The more he heard, the happier he became. At last he gave the youth the letter to deliver at dawn.

The next morning, the youth brought the scroll to Bahá'u'lláh, who opened it immediately and began reading aloud from it. After just one page, He declared Himself a Bábí. He gave the youth a loaf of Russian sugar and a package of fine tea to take to Mullá Husayn.

Russian sugar and fine tea were precious gifts in those days, yet the youth was astonished when Mullá Husayn received them ecstatically. He knew his teacher did not usually consider such luxuries important. Mullá Husayn warned him not to tell anyone what had occurred. He said, "The secret of things is concealed from our eyes. Ours is the duty to raise the call of a New Day.... Many a soul will, in this city, shed his blood in this path. That blood will water the Tree of God and cause it to flourish, and to overshadow all mankind."

Unveil Thyself, O Revealer of Truth

🙵 BAHÁ'U'LLÁH IMMEDIATELY went home to Núr to teach about the Báb. Even at that early stage, His own greatness, of which He said nothing, was apparent to a few perceptive souls.

One day, as He and some friends rode horseback through the countryside, He saw a solitary young man seated beside a brook before a newly built fire. The fellow had long, dusty hair, and wore the rough robes of a dervish. He was obviously a wandering mystic. Bahá'u'lláh questioned him lovingly, "Tell me, dervish, what is it that you are doing?"

"I am eating God," was the answer. "I am cooking God, and I am burning Him."

Bahá'u'lláh smiled, pleased with the dervish's blunt, frank manner, and they began to converse. Bahá'u'lláh quickly imparted the exalted nature of God, while the dervish saw in Bahá'u'lláh a great light. Leaving behind his cooking utensils, he arose and, on foot, followed Bahá'u'lláh down the country lane, chanting poetry which he improvised on the spot:

> Thou art the Day-Star of Guidance,
> Thou art the Light of Truth.
> Unveil Thyself to men,
> O Revealer of the Truth.

Núr was the first place in Iran where a large number of people became Bábís, and this was the work of Bahá'u'lláh. The poet-historian Nabíl wrote: "The effect of His words and deeds, as He went about preaching the Cause and revealing its glory were such that . . .. all things seemed to be endowed with a new and more abundant life, all things seemed to be proclaiming aloud: 'Behold, the Beauty of God has been made manifest!'"

That Mystic Dawn

🖋 THE FIRST BÁBÍS traveled and taught all over Iran, and within a few years, thousands were converted. People like the Prime Minister, who had accused Bahá'u'lláh of treason simply for being hospitable, did not like the new religion. How could he retain his power if the Báb was allowed to lead what he knew in truth would be a spiritual revolution? What would happen to his bribes, plots, pleasures and privileges?

He felt distinctly threatened when interest in the Báb grew to such an extent that the Sháh decided to meet Him. The Prime Minister feared that the Báb would enchant the Sháh. Indeed, some of Iran's most influential religious and political leaders had already thrown away their positions to follow the Báb; to the mind of the Prime Minister, wizened by envy and malice, this must be magic. Of course, influential people who became Bábís were a mere handful. The mass of Bábís were humble, of no account – except for their frighteningly large numbers and seemingly invincible faith.

All this even though the Báb was a prisoner. Just a few months after His meeting with Mullá Husayn, He journeyed to Mecca where, in the garb of a pilgrim, He stood before the great shrine, the Ka'bih, and, holding the ring on its door, announced in penetrating tones to fellow pilgrims who filled the courtyard and the roofs of nearby houses, "I am the Promised One whose advent you have been awaiting." The crowd hushed for a heartbeat, yet in another heartbeat the young man's words were lost. Nevertheless, news of His claim spread, and the inevitable clamor about heresy and delusion spread with it.

A few months after the Báb returned to Iran, He bequeathed all He owned to His mother and His wife, and confided in His wife, and no one else, the secret of His fate. He gave her a prayer which He assured her would assuage her grief. Then He submitted to arrest.

The Báb lived the next months of His life within walls, confined in the homes of officials. The very officials who guarded Him came to revere Him, and the Bábí religion flourished and grew. So it was that in 1847 the Báb traveled at the Sháh's invitation (or command), on horseback and under armed escort, to Tehran.

His journey was more like a royal procession than like the transport of a prisoner. In fact, His guards were so lenient that He basically could do as He pleased. One night, near the village of Kulayn, He disappeared from His tent. This occurred right after friends from Tehran reached Him bearing a letter and gifts from Bahá'u'lláh, and it has given rise to the legend that the Báb and Bahá'u'lláh, two avatars, the herald and the heralded one, actually met in person, not just through written messages or in spirit.

A disciple of the Báb traveling with Him said that when He returned, voluntarily, to His guards, a lonely figure coming from the direction of Tehran in the light of early dawn, His face was so radiant and His power so compelling that no one dared utter a word, no one questioned Him about His whereabouts, no one asked about the remarkable change, the supreme confidence now investing Him. He gave no explanations that mystic dawn, and none thereafter.

Year of Revolutions

YET HIS RADIANCE, His power, couldn't save Him from those who rejoiced in worldly power, and well He knew it. The Prime Minister could manipulate the young Sháh at will, and because of him the Sháh wrote another "invitation." The Báb's guards were instructed to take Him beyond Tehran, into northern Iran, to a prison fortress set into rock on the summit of a mountain. With the Báb shut behind massive doors, the Prime Minister assumed His voice was forever stilled.

At the same time, preachers inveighed against the Bábís, falsely accusing them of heinous crimes, and this gave rise to a storm of persecution. Thousands of Bábís were robbed, tortured and killed by their own neighbors, even their own families. Nevertheless, their faith remained strong. Many of them traveled as pilgrims to the Báb, while His guards, and the villagers at the foot of His mountain became His admirers. The exasperated Prime Minister exiled Him to another, more remote prison, in another mountain.

By 1848, it was clear that to be a Bábí was to risk losing everything, including one's life. Thousands of people were willing to make the sacrifice.

That year is called in history books the Year of Revolution. There were revolts in France, Germany, Austria, Italy, Ireland, India, and China; and the Communist Manifesto was published in Paris. The first World Peace Congress convened in Brussels. In July, 1848, the world's first woman's rights conference was held in Seneca Falls, New York.

It was predated by another historic moment for women's rights. This one took place in June, 1848, in Iran, of all unlikely places, where a woman could be killed for appearing in public with her face unveiled. It happened that eighty-one Bábís had pitched their tents in an open field near the village of Badasht. Bahá'u'lláh had called them there; they were His guests. Among them at this pleasant spot, by the side of a stream that wound through three gardens, was one woman. She was known by a name that meant "Solace of the Eyes."

She had been famous before becoming a Bábí because she was something rare in 19th Century Iran: a literate woman, a religious teacher, and a poet. She lived with an unprecedented amount of freedom for her time and place, yet she was obliged to expound theology and recite poetry while enclosed in a curtained alcove, so that no man could see her. Although she was known as Solace of the Eyes and reputed to be beautiful, no man at the Conference of Badasht had seen her face. (She did leave behind a brief self-portrait among the few papers that survived her early death: "Small black mole at the edge of the lip – A black lock of hair by either cheek . . . ")

She had been among the first eighteen people to find the Báb, and she was the only woman in that group. She taught His Faith boldly and lived in mortal danger because of it. She received a new title, Tahirih, the Pure One, at Badasht. During the 22-day conference each Babi received a new name and every day a new teaching was given while old laws, traditions, and superstitions were annulled. But it was not till the 22nd day that the men understood the radical nature of their new Faith.

Tahirih brought it home to them in a single, lightning moment, when she stood before them with her face unveiled.

They regarded her as the symbol of all that was chaste and holy. Even when she was fully hidden beneath the enveloping chador, they lowered their eyes in her presence, thinking it a sin to gaze on her shadow. For her to reveal her face was inconceivable. Men fled the scene in outrage and panic; one man became so hysterical that he cut his own throat and, splattered with blood, ran from the gathering. Those who maintained some semblance of calm heard Tahirih exclaim, "I am the Word which the Promised One is to utter, the Word which shall put to flight the chiefs and nobles of the earth!"

But news of Tahirih's action incited certain chiefs and nobles to increase their persecution of the Bábís. And she was not the only Bábí who taught with bold and fearless deeds. The audacity of the believers made their enemies more and more vicious.

A Veritable Miracle

🖋 IN A STORM OF violence, the Bábís lost thousands of believers, including many of their most intrepid leaders, among them the great seeker, Mullá Husayn. In 1849, the Báb, locked in the rock walls of His prison, hearing of the tortures endured by His unflinching disciples, wept continually and raised His voice in prayer, but would not allow any scribe to record His magnificent lamentations. He laid down His pen and mourned for five full months.

Then, at noon on July 9, 1850, His own sufferings ended. He was killed by a firing squad of 750 rifles. He was 31 years old.

The first attempt to kill him failed. He and a disciple who had begged to die with Him were suspended by ropes from a wall in the barracks square of the town of Tabríz. Before them was the firing squad, three rows, 250 soldiers in each. Above them, on the roofs of barracks and adjoining houses, a packed crowd, thousands of people, watched.

The three long rows of soldiers opened fire in turn. When the dense cloud of black smoke from the rifles cleared, the massed onlookers saw that the Báb was gone. They saw His companion standing, alive and unharmed, by the wall. 750 bullets – and all 750 missed. The only things damaged were the ropes, which were severed.

Guards found the Báb, serene and unshaken, in the room where He had been quartered before, completing a conversation which had been interrupted when He was brought out into the barracks square. He said, "I have finished my conversation. Now you may proceed to fulfill your intention."

The first firing squad refused to repeat its performance, and another regiment was brought in. The Báb addressed the watching multitude, "O wayward generation…The day will come when you will have recognized Me; that day I shall have ceased to be with you." This time, the black smoke cleared to reveal the fallen, mangled bodies of the Báb and His companion; but the Báb's young face was untouched.

"A veritable miracle" was how one French writer described the story of the martyrdom of the Báb, which was reported in more than one newspaper throughout the world.

However, the crowd at the scene had little time to either admire or mourn the strange non-victory of 750 rifles over two young men: a mighty wind arose and the city was wrapped in a blinding dust storm. In the midst of it, the bodies of the Báb and His disciple were carried to a moat outside the city. Soon, the Báb's jubilant enemies were proclaiming that His remains had been ignominiously devoured by wild animals. The truth was that the Bábís, directed by Bahá'u'lláh, had succeeded in tenderly taking them away, enveloping them in silk, laying them in a specially made casket, and hiding them in a safe place.

Darkness

🖋 THE BÁB WAS NO longer in danger from any living being. Bahá'u'lláh's circumstances were entirely different. He had lamented the Báb's sufferings and longed to share them; His longing would be fulfilled.

In 1852, two Bábís, in an act contrary to the Báb's teachings, attempted to assassinate the S̲h̲áh. They were crazed by what had happened to Him and so many of His followers. Their revenge failed because they used buckshot instead of bullets. They only wounded the S̲h̲áh slightly and severed the pearl collar that adorned the neck of his horse. Nevertheless, the S̲h̲áh had no mercy. Persecution intensified, engulfing Bahá'u'lláh and His family.

Bahá'u'lláh had long been the guiding hand behind many of the providential developments for the followers of the Báb. Tahirih was among those who recognized His undeclared authority. She addressed Him in verse, using the word Abhá, a variation of Bahá:

Darkness

> The effulgence of the Abhá Beauty
> Hath pierced the veil of night;
> Behold the souls of His lovers dancing, mothlike,
> In the light that has flashed from His face....

But, until 1852, He did not, except for some isolated incidents, physically bear the brunt of belief. Then everything changed.

Many years later, Bahá'u'lláh's daughter would recall playing in beautiful gardens, but she said that was only a dim memory. Her sharpest early memory was of one day when she was six and a servant came rushing to her mother crying that Bahá'u'lláh had been arrested. The family was at the time in a summer home in the mountains above Tehran.

The servant reported that Bahá'u'lláh was being taken to Tehran. Under guard, on bare and bleeding feet, bareheaded under the fierce August sun, and in chains He walked the long road. Angry mobs attacked and jeered Him, stripped Him of His robes, stoned Him. As the servant spoke, Bahá'u'lláh's wife grew paler and paler, and her children wept.

Bahá'u'lláh's destination was the prison called the Black Pit. He drew near it and an aged woman staggered out of the crowd with a rock in her hand, her whole body shaking with rage, but she was too feeble to catch up with Him and His guards. He stopped and told the guards to make way so she could throw her rock at Him. "Suffer not this woman to be disappointed," He told the guards. "Deny her not what she regards as a meritorious act in the sight of God."

In the Black Pit, Bahá'u'lláh's neck and feet were locked into stocks, and around His neck was fastened a steel collar with a chain so infamously heavy that it had a name, the Qará-Guhar. He was imprisoned and enchained for four months. For the rest of His life, He bore the scars and pain of the Qará-Guhar.

It was the custom to imprison those accused of conspiracy or treason underground. The Black Pit was three steep flights beneath the earth, icy cold, damp, full of rats, unlit. 150 were chained together; 40 of them were Bábís; most of them were starving. Bahá'u'lláh later wrote, "No pen can depict that place, nor any tongue describe its loathsome smell. Most of these men had neither clothes nor bedding to lie on. God alone knoweth what befell Us in that most foul-smelling and gloomy place!"

Bahá'u'lláh vowed that, upon leaving the Black Pit, He would "arise with the utmost endeavor" to renew the faith of the Bábís. He later recorded, "One night, in a dream, this all-glorious word was heard from all sides, 'Verily We will aid Thee to triumph by Thyself and by Thy pen. Grieve not for that which hath befallen Thee, and have no fear. Truly Thou art of them that are secure. Ere long shall the Lord send forth and reveal the treasures of the earth, men who shall give Thee the victory by Thyself and by Thy name wherewith the Lord hath revived the hearts of them that know.'"

Meanwhile, Bahá'u'lláh's wife and children were abandoned by almost every friend and relation, and all but two servants ran away. Their home was looted by mobs that probably included many of the people who had called them the Father of the Poor and the Mother of Consolation. Bahá'u'lláh's brother, Músá, helped Navváb and the three children escape and go into hiding in Tehran, in a little house near the Black Pit.

The children were then ages nine, six and two. The oldest was a boy who had been born on the very night the Báb declared His mission, and who later took the title 'Abdu'l-Bahá (the Servant of Glory). The middle child was the daughter, Bahíyyih, and the baby was a boy, Mihdí. Their mother was pregnant. She sold some of the valuable things that remained of her wedding treasures to pay jailers to take food to Bahá'u'lláh, though she could never be sure whether or not the food reached Him, for the guards were hungry, too. And, even if He received it, He might not eat it when others were starving.

One day, young 'Abdu'l-Bahá was taken to see his father. Years afterward, he recalled that one of the family's courageous friends, an African servant named Isfandíyár, carried him on his shoulders down a dark, steep corridor and through a small, narrow doorway. He could see nothing. Carefully, Isfandíyár felt his way down the stairs, but then they heard the voice of Bahá'u'lláh ring out through the darkness: "Do not bring him in here!"

"And so they took me back," 'Abdu'l-Bahá said. "We sat outside, waiting for the prisoners to be led out." At last his father appeared. "He was chained to several others. What a chain! It was very heavy. The prisoners could only move it along with great difficulty. Sad and heart-rending it was."

Amidst the afflictions, Bahá'u'lláh taught the prisoners a prayer, and they chanted it:

*God is sufficient unto me;
He verily is the All-sufficing!
In Him let the trusting trust.
In Him let the trusting trust.*

They would sing it all night, in what Bahá'u'lláh described as a "chorus" of "gladsome voices." The S̲h̲áh heard them, for the Black Pit was close to the massive walls of his palace, and he sent the singers a gift, a huge tray of roasted meat. Guided by Bahá'u'lláh, they one and all refused to touch it.

Every day, one of the Bábís was taken out of the Black Pit into the city streets and martyred. The tortures they and other Bábís suffered in public at the hands of mobs were so horrible that an Austrian soldier in Tehran wrote home, "Would to God that I had not lived to see it! . . . At present I never leave my house, in order not to meet with fresh scenes of horror."

One night, a man who was bound in the same chains with Bahá'u'lláh told Him of a dream: "I have this night been soaring into a space of infinite vastness and beauty. I seemed to be uplifted on wings that carried me wherever I desired to go . . . "

Bahá'u'lláh said, "Today it will be your turn to sacrifice yourself for this Cause...." And, when the man was called to die, Bahá'u'lláh gave him His own shoes, since he had none.

Over 1200 years before, the Prophet Muhammad had spoken of heroes who would, by their sacrifice, end the long darkness of the old world and be the dawn-breakers of the new: "Oh how I long to behold the countenance of My brethren, My brethren who will appear at the end of the world! Blessed are we, blessed are they; greater is their blessedness than ours."

Bahá'u'lláh's children and their mother, hearing the mobs cheering the brutal murders, could not know if the victim was Bahá'u'lláh or not. Late at night, His wife and son would venture out to learn if He was still alive, while little Bahíyyih anxiously awaited their return, holding the baby in her arms.

Finally, the Russian consul, who had long known the family of Bahá'u'lláh, went to the court where death sentences were passed and announced that if one hair of Bahá'u'lláh's head were harmed, "rivers of blood would flow." He said he had his government's backing. As a result, an emissary arrived at the prison to give Bahá'u'lláh the order for His release, and to summon Him to appear before members of the Imperial government. The emissary was so angered at seeing Bahá'u'lláh in such a place, in such a condition, that He removed his own mantle and entreated Bahá'u'lláh to wear it in the presence of the officials. Bahá'u'lláh refused and faced them in the garb of a prisoner.

But his words to them were hardly those of a mere prisoner. "Command the governors of the realm," He said, "to cease shedding the blood of the innocent, to cease plundering their property, to cease dishonoring their women and injuring their children."

There followed a respite in the maniacal persecutions; a very brief respite.

Light

🖋 WHEN BAHÁ'U'LLÁH CAME at last to the two little rooms inhabited by His family, He did not speak in detail of His sufferings, but instead lauded the courage and faith of the martyrs. However, His daughter later recalled seeing "the marks of what He had endured, where the chains had cut into the delicate skin, especially that of His neck, His wounded feet so long untended, evidence of the torture of the bastinado...." She said, "How we wept with my dear mother."

Yet they also saw, she related, "a new radiance seeming to enfold Him like a shining vesture, its significance we were to learn years later. At that time we were only aware of the wonder of it...."

Bahá'u'lláh had a great vision in the Black Pit. He later wrote that, while lying enchained in the darkness, He heard "a most wondrous and sweet voice," and saw a joyous, angelic Maiden "suspended in the air." He said, "... she was raising a call which captivated the hearts and minds of men... Pointing with her finger unto My head, she addressed all who are in heaven and all who are on earth, saying, 'By God! This is the Best-Beloved of the worlds, and yet ye comprehend not. This is the Beauty of God amongst you, and the power of His sovereignty within you, could ye but understand. This is the Mystery of God and His Treasure, the Cause of God and His glory unto all who are in the kingdoms of Revelation and of creation, if ye be of them that perceive."

There in the darkness, Bahá'u'lláh's soul had been flooded with light. Yet, although He at times alluded poetically to it, He waited ten years before He told outright of the glory that filled Him, and He would not allow people who saw it for themselves to speak of it.

So it was that, weakened and ill, bearing within Himself the brilliance and burden of Revelation, newly reunited with His family after a separation for which the adjective "traumatic" seems too weak a word, He received an order of exile from the Sháh.

The Throat Thou Didst Accustom to the Touch of Silk

🖋 ON JANUARY 12, 1853, at the most bitter depth of a bitterly cold winter, Bahá'u'lláh left Tehran, destination: Baghdád, Iraq, then a part of the Ottoman Empire ruled by Turkey.

His way led over frozen mountains. Navváb and the two elder children were strong enough to accompany Him, but the baby, Mihdí, was delicate, and Navváb sadly left him behind with her grandmother, one of the few relatives brave enough to stay in contact with her.

Navváb had to sell almost all of the jewels and embroidered garments remaining from her fabled dowry to raise money for the trip, for the government made no provision, and Bahá'u'lláh's wealth had been impounded. It was a cold and lonely farewell to the land of their birth where love and respect had once seemed to be their birthright along with property and gold: only Navváb's grandmother came to say good-bye.

The journey on muleback, arduous mile upon mile over rugged, frigid terrain, was grueling for Navváb, for she was in the final term of her pregnancy. But, her daughter recalled, she "was always thinking of some kindness for somebody." Her hands ached from washing clothes in freezing water and trying to wring them dry, but what really saddened her was to see Bahá'u'lláh, so ill from the afflictions of the Black Pit, subjected to further hardship.

At one point, she was happy because she managed to get some fine flour to make Him a light, sweet bread, for He couldn't eat the heavy bread that was the exiles' staple. Then, in the dark wayside inn, she put salt in the dough instead of sugar. "So the cake was uneatable," her daughter remembered. "Quite a tragedy in its way."

Bahá'u'lláh wrote of His imprisonment in the Black Pit and that first journey of exile, "My God, My Master, My Desire! . . . The throat Thou didst accustom to the touch of silk Thou hast, in the end, clasped with strong chains and the body Thou didst ease with brocades and velvets Thou hast at last subjected to the abasement of a dungeon . . . Finally, Thy Decree was irrevocably fixed, and Thy behest summoned this servant to depart out of Persia, accompanied by a number of frail-bodied men and children of tender age, at this time when the cold is so intense that one cannot even speak, and ice and snow so abundant that it is impossible to move."

The journey lasted three months. In April of 1853, Bahá'u'lláh arrived in Baghdád.

Is There Any Remover of Difficulties Save God?

❦ IN IRAQ, PHYSICAL difficulties continued, but they were the least of Bahá'u'lláh's trials. The Bábí Faith had grown weak. Its great leaders, including Tahirih, had been martyred. Bahá'u'lláh, the only strong one left, was dogged by enemies.

Chief among them was His own vain, weak, envious half-brother, Azal, who imagined that he himself should succeed the Báb. The cowardly Azal, manipulated by a man even worse than himself, hid behind Bahá'u'lláh even while plotting against Him, causing rumors and schisms that had a deadly effect on the spirit of the Bábís.

Bahá'u'lláh lamented, "Oceans of sadness have surged over me…Such is my grief that my soul hath well-nigh departed from my body.…" And, despite all His sufferings in the Black Pit, it was in Baghdád that He said, "The days of tests are now come."

He foresaw the downfall of His enemies: "The time is approaching when…every one of them will have perished and been lost, nay will have come to naught and become a thing unremembered, even as the dust itself."

But, although they were doomed, they were still dangerous, and Bahá'u'lláh advised the faithful to protect themselves from their evil, the overwhelming infection of ego, by chanting a prayer of the Báb's five hundred times, or even a thousand times, every day and night, sleeping and waking:

Is there any Remover of difficulties save God?
Say: Praised be God! He is God!
All are His servants,
and all abide by His bidding!

Bahá'u'lláh and His family lived at first in a two-room house in Baghdád. One of the rooms served as a reception area. One day, some Arab ladies who had been taught about the Báb by Tahirih came to call. A very old woman, impressed by the way little Bahíyyih lugged the big tea urn into the room and served the tea, said this was proof of the wonder of the Bábí religion, that a small child could perform such a feat. Bahá'u'lláh was amused, and remarked to His daughter, "Here is a lady converted by your service at the samovar."

But He was saddened by the hardships His family had to endure, and He helped with chores such as cooking and washing, as did His faithful brother, Músá.

Then, a year after His arrival in Baghdád, Bahá'u'lláh suddenly departed. His watchword was unity, and the malignant disunity caused by Azal and others caused Him more pain than any oppression governments could inflict. In His absence, the Bábís might realize the value of His presence. He did not even tell His family where He was going, or when He would return.

The Nameless One

WEARING THE HUMBLE robe of a dervish, and taking with Him only a kashkúl, or alms bowl, Bahá'u'lláh went into the mountains of Kurdistan. There, He lived sometimes in a shepherd's stone hut and sometimes in a cave on a peak called Sar-Galú. He later wrote, "I roamed the wilderness of resignation, traveling in such wise that in My exile every eye wept sore over Me, and all created things shed tears of blood because of My anguish. The birds of the air were My companions and the beasts of the field my associates. …"

Often He wept, often He could not sleep or eat, but He said that God "hath My being between His hands," and despite His anguish He felt His soul "wrapt in blissful joy," as He communed with His spirit, "oblivious of the world and all that is therein."

In Baghdád, His family had to endure Azal, who lived in their house. He complained about the cooking, and, in his extreme cowardice, locked the door and hid himself. Little Bahíyyih remembered that he wouldn't let her go out to play; she used to open the door a crack to peer at the neighbor girls, and he would yell at her to shut it.

Then the baby became ill. The child, carried during Navváb's duress while Bahá'u'lláh was in the Black Pit and through the long winter trek to Baghdád, and finally born in that unwelcoming city, was in its innocence a source of hope and delight for the family. Azal wouldn't permit a doctor to visit. The baby died, and Azal would not allow a funeral. The body was given to a man who took it away. Navváb never knew where her youngest child was buried.

Finally, the family was able to move to a larger house, and Azal, terrified of being seen, stayed in a little house behind the big one. They sent him his food and were happy to be somewhat relieved of his noxious presence.

All the while they grieved for Bahá'u'lláh.

However, He had not lost Himself completely among the stones of Kurdistan. There were peasants and shepherds in the countryside, and there was a town nearby. People became aware of Him.

He had a beautiful voice, and, during his first lonely months on the mountain, at night, within His shelter, He would chant in Persian the prayers and poems that rose from his joy and anguish. People heard Him, and drew near to listen. Some of His prayers most cherished by Bahá'ís today date from those nights of solitude. This is one of them:

> Create in me a pure heart, O my God,
> and renew a tranquil conscience within me,
> O my Hope!
> Through the spirit of power
> confirm Thou me in Thy Cause,
> O my Best-Beloved,
> and by the light of Thy glory
> reveal unto me Thy path,
> O Thou the Goal of my desire!
> Through the power of Thy transcendent might
> lift me up unto the heaven of Thy holiness,
> O Source of my being,
> and by the breezes of Thine eternity gladden me,
> O Thou Who art my God!
> Let Thine everlasting melodies
> breathe tranquillity upon me,
> O my Companion,
> and let the riches of Thine ancient countenance
> deliver me from all except Thee,

> O my Master,
> and let the tidings of the revelation
> of Thine incorruptible Essence
> bring me joy,
> O Thou Who art the most manifest
> of the manifest
> and the most hidden of the hidden!

But Bahá'u'lláh was not reclusive by nature. He relished company. One day, while wandering through the countryside, He came upon a little boy crying bitterly. He picked the child up and asked him what was the matter. The child said he couldn't learn to write as well as the other boys and his teacher had beaten him. Bahá'u'lláh took the boy's slate, wrote a brilliant epigram in His fine script, and told the child to show it to his teacher. When the teacher saw it, he was astonished, and searched for the writer.

Soon, Bahá'u'lláh was famous as a holy man. People came to Him, and He unraveled many a mystic riddle. He went to live in the town, Sulaymáníyyih. His reputation spread. Word of Him reached Baghdád.

During the second year of His absence, His son, 'Abdu'l-Bahá, prayed especially hard for

His return. This child, at the age of twelve, was already outstanding for his assurance and serenity, and for his shouldering of responsibilities that most adults couldn't have borne. Indeed, he later told the historian Nabíl that during Bahá'u'lláh's withdrawal to the wilderness, he had, even in his boyhood, grown old.

His sister, Bahíyyih Khánum (as a woman she was always referred to as Khánum, a title of respect), recalled that her brother was pathetically distressed at his father's absence. One day, after he maintained a particularly intense all-night prayer vigil, his uncle, Músá, overheard people speaking of a great sage, called the Nameless One, who lived in Sulaymáníyyih. He and 'Abdu'l-Bahá intuited the true name of the Nameless One, and they sent two friends to find Him.

As the days passed and the family waited for news, hope increased in their hearts; they felt Bahá'u'lláh coming nearer to them. Navváb made a coat for Him out of some precious red cloth called tirmih, which she had managed to save from her dowry.

Bahá'u'lláh traveled slowly. He felt, He said, that "the only days of peace and tranquillity" left to Him were slipping away. Yet, if He did not return, "all the sacred blood poured out in the path of God" by the Báb and His followers "would have been shed in vain." Too soon for His burdened heart, He reached Baghdád.

"At last! At last!" recalled Bahíyyih Khánum. "As my mother, my brother and I sat in a breathless state of expectancy, we heard a step. It was a dervish. Through the disguise we saw the light of our Beloved One's presence! Our joy cannot be described as we clung to Him. I can see now my beloved mother, calm and gentle, and my brother holding his father's hand fast, as though never again could he let Him go out of his sight, the lovely boy almost enfolded in the uncouth garment of the dervish disguise... ."

We Weep for Thee, O Most Great Mystery

BAHÁ'U'LLÁH RETURNED just in time for His long-suffering family, and just in time for the Bábís, who were in a terrible state. No less than twenty-five among them had claimed to be the One heralded by the Báb. They were divided into petty factions. Bahá'u'lláh was so sad He could hardly bear to leave His house.

But the light within Him had grown stronger. Gradually, His power, the sweetness of His love, and the penetrating wisdom of His teachings in His first books – The Hidden Words, The Seven Valleys, and The Book of Certitude – transformed the Bábís. They became more conscious of God than of themselves. Nabíl, recalling those days, wrote of all-night sessions of prayer, poetry and song, of dreams and visions, of earnest fasts and vigils. The Bábís clustered around Bahá'u'lláh, happy just to be near Him, eager to serve Him. They selflessly shared their possessions to the extent that often one did not know whose shoes were on his feet, or whose cloak was around his shoulders. "O, for the joy of those days," Nabíl nostalgically sighed, "and the gladness and wonder of those hours."

A stream of pilgrims continually came to Bahá'u'lláh, many from the mountains of Kurdistan, and large numbers of them became His disciples. In the rush of approval suddenly granted Bahá'u'lláh, the British Consul-general visited Him, offering Him British citizenship and asylum in India or any other place. Bahá'u'lláh had been offered asylum by the Russian consul in Iran and had refused it. He knew His destiny: there was no comfort in it, no asylum but God.

He did not confine Himself to teaching only those who came to Him. He went to mosques and coffeehouses and spoke to people there. But they loved to come to His home.

He received them in a dilapidated little room of mud and straw with a low roof and a tiny garden outside. He seated Himself on the only couch, which was made of palm branches. One guest, an Iranian prince, found this room so charming that he planned to build a replica of it in his mansion. Bahá'u'lláh smiled and said that the prince could probably build a physical copy of the room, but, "What of his ability to open unto it the spiritual doors leading to the hidden worlds of God?"

Of course, the reverence with which the Bábís, the pilgrims, and many townspeople treated Bahá'u'lláh roused hostility. Religious and political leaders preached against Him, provoking enmity.

One official hired a gunman to shoot Him. The man tried two times, once in a public bath, where, face to face with Bahá'u'lláh, his courage failed him, and, the second time, on a street, where he was so overcome with terror that he dropped his gun. Bahá'u'lláh told a companion to hand the gun back to the gunman, and guide him home, since he was too shaken to find his way.

People were also sent to insult Bahá'u'lláh publicly, for his enemies hoped to incite an angry response that would give them an excuse for exiling Him again. But Bahá'u'lláh approached the would-be agitators before they approached Him, and joked with them about their intentions until it was impossible for them to do anything.

Finally, a group of theologians demanded that Bahá'u'lláh perform a miracle. He told them it was not proper for them to ask, but that He would perform one miracle, whatever they decided upon, and after that, He said, they must "all acknowledge the Truth" of His

Cause. They couldn't decide among themselves what miracle to request, and the matter faded away.

Despite His spiritual triumph, Bahá'u'lláh seemed sad and heavy-hearted as Spring, 1863, began. He told some of His friends of a dream He'd had: "I saw the Prophets and the Messengers gather and seat themselves around Me, moaning, weeping and loudly lamenting. Amazed, I inquired of them the reason, whereupon their lamentation and weeping waxed greater, and They said unto Me: 'We weep for Thee, O Most Great Mystery, O Tabernacle of Immortality!' They wept with such a weeping that I too wept with them. Thereupon the Concourse on High addressed Me saying: '...Erelong shalt Thou behold with Thine own eyes what no Prophet hath beheld ...Be patient, be patient! ...' They continued addressing Me the whole night, until the approach of dawn."

Tears Like the Rain of Spring

SOON AFTER THIS, Bahá'u'lláh's enemies succeeded in having him exiled again. By order of the Sultán of Turkey, He must go to the city of Constantinople (now called Istanbul). The government offered Bahá'u'lláh a sum of money for the journey, but He refused it. Finally, at the insistence of the authorities, He accepted it, and then He distributed it among the poor.

On April 22, 1863, He went by ferry across the Tigris River to an island garden that He named the Garden of Ridván, or Paradise. There, He finally declared Himself the One Promised by the Báb and foretold by all past religions. His disciples knew beforehand that He was about to make this stunning announcement. The force and quantity of His writings, the exaltation of His presence in both joy and sadness, the change in His demeanor and His donning of the tall felt headdress called the táj on the day He went into the garden – all these things spoke to the sensitive hearts that had already bowed low before Him.

Unfortunately, we do not know what He actually said in the garden, or exactly who was present, but Nabíl described Bahá'u'lláh walking at midnight down paths lined with roses, while nightingales loudly sang. Bahá'u'lláh praised the sleepless love of the nightingales for the roses and said, "How can those who claim to be afire with the rose-like Beauty of the Beloved choose to sleep?"

He spent twelve days in the garden, while people came constantly across the river to pay homage to Him. He pronounced his sojourn there the "King of Festivals," the "Most Great Festival," and "The Festival of God."

At last, He left the nightingales and roses, returned to the city, then rode out of Baghdád mounted on a red roan stallion. Mourning crowds gathered to try to kiss His feet in the stirrups - failing that, they threw themselves down and kissed the horse's hooves. The mourners represented every segment of the populace, for the sweetness of Bahá'u'lláh's presence had conquered countless hearts. Of His departure from Baghdád, He said, "Tears like the rain of spring are flowing down, and I depart...."

A Thousand Claws of Envy

THE JOURNEY OF Bahá'u'lláh from Baghdád to Constantinople was a regal procession. Through meadows bright with maytime wildflowers He traveled with His family and companions, while whole villages and towns gathered reverently and joyously to greet Him.

One of His retinue recalled, for example, the reception by the town of Márdin: "We were preceded by a mounted escort of government soldiers, carrying their banners, and beating their drums in welcome. The mutisarrif (governor), together with officials and notables, accompanied us, while men, women and children, crowding the housetops and filling the streets, awaited our arrival. With dignity and pomp we traversed that town, and resumed our journey, the mutisarrif and those with him escorting us for a considerable distance."

Bahá'u'lláh dispensed generous hospitality as He traveled, so that, although the route was one frequently taken by men of power and authority, the people who lived along it observed that they had never seen anyone travel in such a state, giving to each and all so open-handedly. Yet, as Bahá'u'lláh, riding in a howdah, sighted the Black Sea, He prophesied dire afflictions to come.

The final part of the journey was by ship. In August, 1863, He disembarked from the Turkish steamer at the port of Constantinople and was taken by carriage to an elegant mansion.

Despite the mansion and the royal treatment, Bahá'u'lláh said that Constantinople was the spot where "the throne of tyranny" had been established. It was from Constantinople that He first directed His Message to a king. He sent a tablet to the Sultán, but the text no longer exists. No doubt it was strongly condemnatory, for, at the same time, He addressed the Turkish Prime Minister, who, upon reading the letter, "turned the color of a corpse," another official reported, "and remarked, 'It is as if the king of kings were issuing his behest to the humblest vassal....'" And, referring to God's power and purpose, Bahá'u'lláh addressed the Iranian ambassador: "His Cause transcends any and every plan ye devise. Know this much: Were all the governments on earth to unite and take

My life and the lives of all who bear this Name, this Divine Fire would never be quenched."

Willfully deaf to Bahá'u'lláh's exhortations, the Sultán issued an edict to exile Bahá'u'lláh yet again. It was all as Bahá'u'lláh had predicted months previously in Baghdád, and as He indicated in many verses and passages, such as this one, from The Seven Valleys: "And if a nightingale soar upward from the clay of self and dwell in the rose-bower of the heart, and in Arabian melodies and sweet Iranian songs recount the mysteries of God... Thou wilt behold a thousand claws of envy, a myriad beaks of rancor hunting after Him and with all their power intent upon His death."

Poison

🙠 IN DECEMBER, 1863, Bahá'u'lláh was sent to Adrianople (now Edirne), near the Bulgarian border. The journey of almost two weeks was another forced march through a frigid winter. The travelers, some on muleback, others in wagons, had no warm clothes. They had to keep fires lighted beside springs for hours to thaw enough ice to get water. Then, in Adrianople, in the bitter cold, Bahá'u'lláh and His family were housed in a summer cottage.

By that time, 'Abdu'l-Bahá was nineteen and had become his father's shield and helper. The baby who had been left behind in Tehran, Mihdi, had grown to be a youth and had rejoined the family; he was about thirteen, and he and his sister were devoted to Bahá'u'lláh. As for Navváb, Bahá'u'lláh said that His soul and hers would be together for eternity: she was His "perpetual consort in all the worlds of God."

In Adrianople, the loyalty and strength of that family must have been sweeter to Bahá'u'lláh than ever, for it was there that the incurably envious Azal attempted to kill Him. He at first tried to hire another man to do the job, but the man was so infuriated by the idea that he almost killed Azal. The only reason he didn't was because he knew it would displease Bahá'u'lláh. Then Azal poisoned the well that the family drank from, and they all became ill with strange symptoms.

But, when Azal invited Bahá'u'lláh to tea and smeared his cup with poison he had concocted himself, he almost succeeded in his aim. Bahá'u'lláh was sick for a month with severe pain and high fever. The doctor, seeing His deathly pallor, pronounced the case hopeless and could prescribe no remedy. He bowed to the ground before Bahá'u'lláh, and left His presence. A few days later, the doctor became ill. Bahá'u'lláh sent one of His followers to visit him. The doctor told the visitor that God had answered his prayer. Soon afterwards, he died, and Bahá'u'lláh recovered. Bahá'u'lláh later said that the doctor had given his life for Him.

Because of the poison, Bahá'u'lláh, already marked by chains and other tortures, had a tremor for the rest of His life, and this showed up in His hand-writing; the beautiful script was maimed.

He suffered greatly over the deeds of Azal, lamenting that "he who for months and years I reared with the hand of loving-kindness hath risen to take My life." Because of the actions of Azal, and others like him, Bahá'u'lláh wrote, while yet in His forties: "The cruelties inflicted by My oppressors have bowed Me down, and turned My hair white … ."

Yet, all descriptions of Him, even in His old age, say that His long hair and beard were black, for He dyed them according to Persian custom. The one existing photograph of Him, taken at the end of His years in Adrianople, shows a countenance framed in dark hair, with bold straight brows. His face is stamped with deep lines of pain, and His noble forehead and dark eyes radiate majesty and penetrating love.

Can One Fix One's Gaze Upon the Sun?

🖋 HIS DISCIPLES FOUND it hard to meet Bahá'u'lláh's gaze. One said, "Know with certainty that if anyone, friend or enemy, claims to have looked directly into His eyes, he is a liar. I tested this again and again but all my attempts to look at Him were in vain. . . . Can one fix one's gaze upon the sun?"

Another decided he at least wished to observe what color táj Bahá'u'lláh wore, but, every time he was in His presence, the resolution slipped his mind. Finally, one day, he managed to glimpse Bahá'u'lláh screened by gathered Bahá'ís. All that was visible was the táj, and it was green.

Bahá'u'lláh lived in Adrianople from 1863 to 1868. He no longer went out frequently among the people, but received pilgrims in His home. Much of His time was taken up with writing and dictating His teachings. His Revelation flowed so abundantly that no one was capable of transcribing the thousands of verses He chanted every hour; much of it was lost.

From Adrianople, He sent one of His most important tablets, a letter to the rulers of the East and West, called the Tablet to the Kings. It was received by the Sultán of Turkey, the S͟háh of Iran, their ministers, the French and Persian ambassadors to the Ottoman Empire, European monarchs including Napoleon III, and Islamic leaders in Constantinople.

In it, Bahá'u'lláh commanded the kings to lay down their weapons, care for the poor, make a treaty for world peace, and embrace His Cause, or endure the punishment of God. The monarchs ignored His summons. Their empires no longer exist. Bahá'u'lláh predicted their downfalls, the wars resulting from their greed, and the final union of humanity, despite them, in peace.

Authorities were infuriated by the kingly nature of His words and His majestic demeanor. His majesty was unflinching and incontrovertible because it came from His inner illumination and had nothing pretentious about it. Most people showed him unquestioning devotion. His effect on the townspeople was undeniable.

Years after His death, and about half a century after He left Adrianople, two Bahá'í travelers, Martha Root of the United States and Marion Jack of Canada, went there, seeking traces of Him. They looked for the houses where He had lived and people who remembered Him. They met an old man, seated in a doorway, who, as a boy, had delivered yogurt to Bahá'u'lláh's household. He told them that Bahá'u'lláh always gave him pilau (rice with meat, raisins and spices) to take home. He said Bahá'u'lláh kept a special kitchen for the poor, and had a big garden with a grape arbor from which He loved to give away grapes. And then the old man stood and tried to show the two women how Bahá'u'lláh had walked "with dignity and power."

If such was the effect of Bahá'u'lláh on the heart of a boy, we can well imagine His effect on the Bábís. As His kindness and His kingliness became more and more apparent, the Bábís began to be known as the people of Bahá – Bahá'ís. They started to use a greeting derived from His Name, "Alláh'u'Abhá" (God is Most Glorious) instead of the customary Islamic "Alláh'u'Akbar" (God is Great).

The strength of the Bahá'ís, the manifest power of Bahá'u'lláh, and the pernicious activities of Azal, all combined to antagonize insecure political and religious figures whose positions could be lost instantaneously by a whim of a higher official or a trick of fate. They decided Bahá'u'lláh must be banished to a place where He would surely die, and die quickly.

The Sultán, having had his fill of Azal, who had been agitating on all levels, sent him into exile in Cyprus, to an ignominious end. And he ordered Bahá'u'lláh to the prison city of 'Akká, known as the Turkish "Bastille of the East."

Unwittingly, he was sending Bahá'u'lláh to fulfill ancient prophecy on the biblical Mountain of God, Mount Carmel, in what is now Israel. But there was no apparent glory in that final exile.

Banners of Light

🖋 THE HARROWING JOURNEY began when Bahá'u'lláh's house in Adrianople was suddenly surrounded by soldiers, cutting off food supplies. At that point, authorities still had not disclosed the final destination of Bahá'u'lláh and His family. Soon afterwards, in August, 1868, He and His family were taken away, under armed escort. Neighbors came, one witness wrote, "with the utmost sadness and regret to kiss His hands and the hem of His robe." Moslems, Jews and Christians alike wept along with the Bahá'ís.

The first stage of the journey was to Gallipoli (Gelibolu), a port on the Aegean Sea. While in the carriage, Bahá'u'lláh said that He had "departed out of this country and deposited beneath every tree and every stone a trust, which God will erelong bring forth through the power of truth." In Gallipoli, He told the Turkish captain who had escorted Him to inform the Sultán that "this territory will pass out of his hands, and his affairs will be thrown into confusion." He and His family then spent three nights in the port.

The family did not know where they were headed. They did not even know if Bahá'u'lláh would be able to remain with them, for the original order of exile was to send Him and several companions to 'Akká, and the rest to Constantinople. Bahá'u'lláh, however, did not submit to that order.

Finally, with His family and some followers, numbering in all about seventy, He embarked for 'Akká. Despite His tribulations in the Black Pit, He called 'Akká the "Most Great Prison." He warned the exiles before they sailed that whoever felt unprepared to "face the future" had better "depart to whatever place he pleaseth, and be preserved from tests, for hereafter he will find himself unable to leave." All remained with Him. Sadly, however, the party included two disloyal souls who created constant havoc, and, finally, disaster.

After a voyage of some twenty days over the Mediterranean, the exiles traveled on a hot, filthy sailing vessel from Port Said, in Egypt, to 'Akká, a penal colony with a population of about 10,000 including all sorts of murderers and thieves. It was a 4,000-year-old city surrounded by double rampart walls rising above a bleak sea. Once, it had flowered under ancient Persian and Greek rule, but now it was famed as the world's most desolate and ugly city, with the foulest water, the vilest smelling air, and the worst climate. It was infested with rats and fleas and prone to constant epidemics. The saying was that if a bird flew over 'Akká, it would die.

Crowds at the piers yelled insults at "the God of the Persians." The Bahá'ís, weak and ill from the voyage, were taken to army barracks and locked into two dark, dank rooms. There was no drinking water but the brackish stuff in the courtyard pool, and no food other than a few hard, salty loaves of bread. Yet, Bahá'u'lláh said that, upon arrival at 'Akká, "We were welcomed with banners of light, whereupon the voice of the Spirit cried out saying, 'Soon will all that dwell on earth be enlisted under these banners.'"

Metropolis of the Owl

🖋 IN ISLAM, THERE are prophesies about the city of 'Akká, among them: "Blessed be the man that hath visited 'Akká, and blessed be he that hath visited the visitor of 'Akká." And, "All of them (the companions of the Báb) shall be slain except One Who shall reach the plain of 'Akká, the banquet hall of God."

The banquet was symbolic. The exiles in the barracks, lacking clean water and food, fell desperately ill, and some of them died. It saddened Bahá'u'lláh to see them suffer, and it also saddened Him when pilgrims who walked to visit Him over the deserts and mountains all the way from Iran and Iraq were refused admittance to His presence.

On the plain of 'Akká they stood, peering hard at the window of the room where He was confined. When they caught a glimpse of His face or His waving hand, they became happy, and walked all the way back home to report that He still lived.

Bahá'u'lláh wept for one pilgrim, an old man who was going blind and could not see Him. But the old man retired patiently to a cave on Mount Carmel and considered himself lucky to be there, so near Bahá'u'lláh.

Gradually, 'Abdu'l-Bahá managed to arrange relative improvements in the prisoners' food and water supplies. He nursed the sick himself. In later life, while teaching his Father's Cause in the United States in 1912, he remarked that, in the barracks, during epidemics of malaria, typhoid and dysentery, he used to make broth for his patients. He laughingly asserted that he had had a lot of practice and could make very good broth.

He also said it was the practice of the prisoners, prompted by Bahá'u'lláh, to share funny stories every evening, although it was sometimes difficult to think of anything in that tortuously enclosed city that Bahá'u'lláh called "the metropolis of the owl" populated by "a generation of vipers." Each one would tell the most ludicrous thing that had happened to him that day, and then they would laugh till tears ran down their cheeks.

'Abdu'l-Bahá recalled a wistful remark by Bahá'u'lláh: upon first arriving at the barracks, He wished someone among the exiles could sing, or play a flute or harp, because it would charm everyone. Certainly beautiful music might have lifted some of the burden from a heart that wept for the sacrifices and pain of those who were devoted to Him. Perhaps the most difficult for Him to accept was the supreme sacrifice of His son Mihdí.

That All the Dwellers of Earth be United

🙵 THE YOUNG MAN used to go up on the roof of the barracks to pray. One twilight, lost in his meditations, he fell through the skylight onto a wooden crate which pierced his ribs. Less than a day later, on June 23, 1870, he died, after asking his Father to accept his life as a ransom so that pilgrims would be admitted to His presence.

Bahá'u'lláh called Mihdí "the Trust of God and His Treasure in this Land," and prayed, "I have, O my Lord, offered up that which Thou hast given Me, that Thy servants may be quickened, and all that dwell on earth be united."

Four months later, Bahá'u'lláh and His companions were taken from the barracks and placed under house arrest in the city. Conditions were hardly humane, and the exiles were moved mercilessly from one miserable quarters to another, but now the pilgrims could come into His presence. And, after a few months, Bahá'u'lláh's guards were dismissed and His strict confinement somewhat mitigated.

Then, seven men murdered the two enemies who had been unfortunately included among the exiles. Those two had been busily inciting the people of 'Akká against Bahá'u'lláh, and the seven must have thought they were executing justice, but their act was completely contrary to the Bahá'í teachings. Bahá'u'lláh wrote, "My captivity cannot harm Me. That which can harm Me is the conduct of those who love Me, who claim to be related to Me, and yet perpetrate that which causeth my heart and my pen to groan."

Persecution ensued. Twenty-five Bahá'ís, including 'Abdu'l-Bahá, were again imprisoned. Bahá'u'lláh was called before the governor and his men.

More Manifest than the Sun

✒ THE INTERROGATION DID not proceed as the interrogators had imagined. When they asked Bahá'u'lláh to state His name and the country from which He came, He said, "It is more manifest than the sun."

They asked again, and He replied, "I deem it not proper to mention it. Refer again to the farmán (decree) of the government which is in your possession."

They repeated the question, showing some humility, and He finally said, "My Name is Bahá'u'lláh (the Light of God), and my country is Núr (Light). Be ye apprised of it." He then addressed them with words from His Tablet to the Kings and left the room.

Soon afterwards, the governor sent an apology to Bahá'u'lláh. But the persecutions increased. Bahá'í children were chased, cursed and stoned in the streets. The man who lived in the house next door to Bahá'u'lláh doubled the width of his walls to protect himself from contact with such a heretic.

Yet, for Bahá'u'lláh, as, indeed, for His followers, divine wisdom ordained superhuman endurance. He wrote, "The Ancient Beauty hath consented to be bound with chains that mankind may be released from its bondage, and hath accepted to be made a prisoner ... that the whole world may attain unto true liberty. He hath drained to its dregs the cup of sorrow, that all the peoples of the earth may attain unto abiding joy. . . ."

Illumined by this mission, once again He addressed the rulers of the earth. This time he wrote to them individually. The letters reached their hands, were read by them, and rejected. They included Queen Victoria and the members of the British Parliament, the Presidents of the American Republics, Czar Alexander II, Kaiser Wilhelm I, Alí Pasha, the Grand Vizir of the Sultan of Turkey, Emperor Franz-Josef, Napoleon III, and Pope Pius IX.

Bahá'u'lláh commanded these regal personages to share their wealth.

He advised the Pope to "sell all the embellished ornaments" he possessed and "expend them in the path of God," thus walking in the footsteps of Christ.

He warned of imminent catastrophe, as in these words to the Kaiser, "We hear the lamentations of Berlin, though she be today in conspicuous glory," and to Napoleon III that his empire would be "thrown into confusion" and "pass from his hands." His message to Alí Pasha predicted his downfall and that of Sultán 'Abdu'l-'Azíz, and told him that if he were spiritually awake he would abandon his wealth and "choose to abide in one of the dilapidated rooms of this Most Great Prison."

He commanded the American presidents, "Bind ye the broken with the hands of justice, and crush the oppressor who flourisheth with the rod of the commandments of your Lord, the Ordainer, the All-Wise."

In all of His messages He unequivocally proclaimed Himself the Father, the Incomparable Friend, the Ancient Beauty, the Comforter, the Dayspring of God's Revelation – in short, the fulfillment of prophecy for every major religion of the world, the Spirit of a new age.

"We spoke in the language of the lawgiver" He said, "of the truth seeker and the mystic…." In every one of His teachings and counsels He extolled unity: the oneness of religion, of the earth, of people.

His purpose was peace.

He claimed no personal power. He wrote to Násiri'd-Din Sháh, "This thing is not from Me, but from One Who is Almighty and All-Knowing ... He bade me lift up My voice between earth and heaven, and for this there befell Me what hath caused the tears of every man of understanding to flow. ..."

So, despite His sorrows, His song of life – the Nightingale's melody of love for the Rose – continued unabated, and as it did, the tide of affairs in 'Akká gradually began to turn.

A Door of Hope

🖎 A MAJOR CHANGE came about with the appointment of a new governor. Shortly after arriving in 'Akká, the governor read Bahá'í literature given him by people who wanted to rouse him against the Bahá'ís. However, he loved what he read. He sent his son to 'Abdu'l-Bahá for religious instruction, and he never entered the presence of Bahá'u'lláh without first removing his shoes as a sign of respect. Finally he asked to be allowed to render Bahá'u'lláh some service.

Bahá'u'lláh told him to restore the old stone aqueduct so it could again carry pure water from the springs of Kabrí into the city. That water system had been constructed in about 1815, but hadn't functioned for years, and that was why the city was so fetid. The governor restored the aqueduct, public health conditions improved dramatically, and people attributed the change to Bahá'u'lláh. They began to call Him "His Highness."

He rarely granted personal audiences, but the population was more and more enamored of Him, and various celebrities joined the ranks of pilgrims. A European general, brought by the governor to see Him, knelt on the ground by His door, refusing or unable to rise while in His presence.

It was as the Old Testament promised: "And I will give her ... the valley of Achor for a door of hope; and she shall sing there, as in the days of her youth. ..."

Now the time was approaching for the door of hope to open. Bahá'u'lláh, child of the province of Núr with its wild mountain meadows and snowy peaks, had lived for nine years within the walls of 'Akká, without sight of a green field or a blossoming tree. His only exercise had been to pace back and forth across the floor of His chamber. 'Abdu'l-Bahá intuited that it was time for Him to free Himself.

Sounds, Silences, Fragrant Breezes

🖋 ONE DAY, 'ABDU'L-BAHÁ heard that his father had remarked, "I have not gazed on verdure for nine years. The country is the world of the soul, the city is the world of bodies." 'Abdu'l-Bahá then felt certain that whatever steps he took to release his father would be successful.

He knew a man in 'Akká who had a small but elegant house, a summer palace called Mazra'ih. About four miles outside the city, Mazra'ih was beside a stream, surrounded by gardens. But its owner was neglecting it. He rented it to 'Abdu'l-Bahá for a very low price, and 'Abdu'l-Bahá hired laborers to restore the house and grounds and install a bath. He also readied a carriage.

One day, 'Abdu'l-Bahá decided to leave 'Akká and go see for himself how the work was progressing. "Notwithstanding the repeated injunctions...that we were on no account to pass the limits of the city walls, I walked out through the city gate. Gendarmes were on guard, but they made no objection, so I proceeded straight to the palace. The next day I again went out, with some friends and officials, unmolested and unopposed, although the guards and sentinels stood on both sides of the city gates. Another day I arranged a banquet, spread a table under the pine trees.... and gathered around it the notables and officials of the town. In the evening we all returned to the town together."

The next day he went to his father and said, "The palace at Mazra'ih is ready for you, and a carriage to drive you there." But Bahá'u'lláh refused to go, saying, "I am a prisoner." 'Abdu'l-Bahá asked Him a second time, and then a third, but the answer did not change. Finally 'Abdu'l-Bahá instructed an important citizen of 'Akká, an Arab who loved and admired Bahá'u'lláh, to go to Him, kneel, take hold of His hands, and keep imploring Him to go to Mazra'ih until he consented.

It took an hour. As often as Bahá'u'lláh repeated that He was a prisoner, 'Abdu'l-Bahá's emissary reiterated that He was a prisoner only by His own consent and power, and now it was time for Him to release Himself. Finally, Bahá'u'lláh said, "<u>Kh</u>aylí <u>kh</u>ub" (very good).

The next day, which was early in June, 1877, 'Abdu'l-Bahá and his father journeyed in the carriage to Mazra'ih. The son returned to the city, but the father stayed in the country among the sounds, silences and fragrant breezes, living in a light-filled, airy tower-room.

'Abdu'l-Bahá also made a special garden for his father on a tiny island in the little Na'mayn River. Na'mayn means "Two Yesses" in Arabic. There is an Islamic tradition that, on the Last Day, when the Divine Call, "Am I not your Lord?" is raised, two yesses will be heard in answer.

The garden, called the Ridván, after the island where Bahá'u'lláh inaugurated the King of Festivals before He left Baghdád in 1863, soon filled with flowers and fruit trees grown from seeds or small plants carried over land and sea by pilgrims who often went thirsty themselves on their journeys, because they gave their drinking water to the plants. Overshadowing all were two venerable and bountiful mulberry trees. Peacocks walked the flowery paths, and fountains played.

Bahá'u'lláh loved to host picnics in the Ridván garden with His grandchildren as special guests, and He often retreated into a small, rustic house there. After one happy event in the garden, He expressed His joy: "Every tree uttered a word, and every leaf sang a melody. The trees proclaimed, 'Behold the evidences of God's Mercy,' and the twin streams recited in the eloquent tongue the sacred verse, 'From us all things were made alive...'."

After Bahá'u'lláh had occupied Mazra'ih for two years, 'Abdu'l-Bahá heard that a nearby mansion had been abandoned because of an outbreak of plague. It was larger than Mazra'ih, better able to accommodate Bahá'u'lláh, His family and all the pilgrims, and it was also stately and beautiful. 'Abdu'l-Bahá obtained it at a very low rent. It is called Bahjí, and it is now the most sacred spot in the Bahá'í world, because the Shrine of Bahá'u'lláh is there.

Manifold Wonders and Marvels

🦅 FOR REASONS OF HIS own, the owner of Bahjí (the name means Delight) had this Arabic inscription painted over the main doorway: "Greetings and salutations rest upon this Mansion which increaseth in splendor throughout the passage of time. Manifold wonders and marvels are found therein, and pens are baffled in attempting to describe them." During His years at Bahjí, Bahá'u'lláh Himself said, "Verily, verily, the most wretched prison has been converted into a Paradise of Eden."

Not only did streams of pilgrims wend their way to Bahjí, but the Bahá'í Faith began to spread, through teachers sent by Bahá'u'lláh, beyond the borders of Iran, Iraq and the Holy Land to Russia, India, Burma and Egypt. His correspondence with Bahá'ís in those countries was prodigious. Volumes of His writings began to be published, and He continued to reveal tablets such as "Words of Paradise," "Glad-Tidings," "Tablet of Wisdom," and His own compilation of His teachings called "The

Epistle to the Son of the Wolf" because it was directed to a persecutor of the Bahá'ís as a command to repent of his deeds.

In fulfillment of Biblical prophecy, He visited Mount Carmel, now the site of the Bahá'í World Center. He went several times, in 1883 and 1890, and, in the summer of 1891, He spent three months there. At that time, He pointed out to 'Abdu'l-Bahá the site for the Shrine of the Báb, foreseeing the moment in 1909 when 'Abdu'l-Bahá, silver-haired by then, would lay the casket containing the remains of the Báb, hidden in secret spots for over half a century, in its final resting place.

He wrote the Tablet of Carmel, addressing the holy mountain: "Call out to Zion, O Carmel, and announce the joyful tidings: He that was hidden from mortal eyes is come! His all-conquering sovereignty is manifest; His all encompassing splendor is revealed."

He stayed overnight in a house owned by a man who was a Templar, and in an inn near the sea kept by the Templars. The members of the Society of the Temple were a colony of zealots who had come to the Holy Land from Germany in around 1870. Disappointed in their hopes that Christ would return in 1837, they founded a Christian colony at the foot of Mount Carmel. One of their houses had, over its doorway, "Der Herr ist nah" (the Lord is nigh). Bahá'u'lláh, during a brief illness, entered that house and was attended by a doctor. The Templars did not recognize the majesty and sovereignty of Bahá'u'lláh, but it is known that some of their descendants became Bahá'ís in Australia, and were deeply touched, as pilgrims to the Bahá'í Shrines, to see places where He had been close to their forebears.

I Remember Him and His Overwhelming Majesty

  MOST OF THE BAHÁ'Í pilgrims who now journey from all corners of the earth to Mount Carmel do not, of course, have heritages that link them with the Founder of their Faith. They are creating the heritage for their families today. They are one in their adherence to Him, and in their delight at being in the places where He once walked. They remember how He encouraged His followers to rejoice in the knowledge of Him. They've heard anecdotes such as these, telling of His humor, tenderness and mercy:

  A Bahá'í who was in Bahjí as a four-year old boy recalled meeting Bahá'u'lláh there under rather trying circumstances. It happened that the child had been in the pantry, stealing sugar. Suddenly, there was Bahá'u'lláh, smiling and beckoning him to a table full of sweets. He offered the child a plate of macaroons. The boy just stared. He wanted the macaroons, but how could he take them? Both his fists were stuffed with sugar. Finally, he picked up a cookie with his teeth. Bahá'u'lláh, amused, placed a second and third cookie on top of each of his sugary fists, and sent him away.

A venerable Bahá'í woman named Murassa loved to tell how, as a little girl, she was brought to Bahá'u'lláh. He caressed her, and then, holding her hand, led her to a shelf and showed her two kinds of sweets, asking her to pick the kind she wanted. She chose sugared almonds, and He filled her cupped hands to overflowing. All the while He smiled and touched her cheeks. She used to say, "I remember this as if it were happening now. I remember Him and His overwhelming majesty, awe and glory! I remember it in detail."

Dr. Zia Baghdadi, when he was a child, was with Bahá'u'lláh at Bahjí, and recalled, "He used to hold my hand while walking to and fro in His large room, revealing Tablets, chanting the prayers with the most charming and melodious voice, while one of the attendants took them down. Here I saw Him teaching and blessing the pilgrims who came from all lands. On hot days He would take me with Him to the outer alcove of the Mansion where it was somewhat cooler. . . .

"From His light-colored garments which were similar to those of all the ancient prophets, I always inhaled the fragrance of the pure attar of roses. At times, He would spend half an hour in the alcove, and my eyes would remain fixed on His majestic face. But whenever He glanced at me with His brown, piercing, yet most affectionate eyes, then I had to turn mine away and look down at the floor.

"On my first visit to Him" Dr. Baghdadi said, "when He inquired about my health, I replied in Arabic, 'Mabsoot' (I am happy). He questioned, 'How is your father?' I answered, 'Mabsoot.' And, 'How is your mother?' He asked. 'Mabsoot,' was my reply. He laughed heartily and after that He always called me Mabsoot Effendi (The Happy One)."

The Nightingale of Paradise

🖋 BAHÁ'U'LLÁH TOOK a personal interest in the health and well-being of His friends, the details of their lives, the fulfillment of their needs. No pain was too small to win His sympathy, and He was always ready to praise, but not to blame or criticize. His greatest desire was for His followers to be united, to love one another, to be kind to one another. To them, He was the life-giver, and they could not imagine existence without Him.

Yet, the time came. He was in His seventy-fifth year, weary, and ready for release. 'Abdu'l-Bahá recalled, "I was engaged in gathering together His papers which were strewn all over the sofa in His writing chamber in Bahjí . . . He turned to me and said, 'It is of no use to gather them. I must leave them and flee away.'"

During His final illness, He called the Bahá'ís to Him, and, despite all He had seen and endured, despite His intimate knowledge of the faults and frailties of those around Him, He only said, "I am well-pleased with you all.

Ye have rendered many services and been very assiduous in your labors."

One man broke down at this, and wept broken-heartedly. He later said, "At this moment the Blessed Perfection bade me come close to Him, and I obeyed. Using a handkerchief which was in His hand, Bahá'u'lláh wiped the tears from my cheeks. As He did so, the words of Isaiah 'and the Lord God will wipe away tears from off all faces' involuntarily came to my mind."

Another disciple remembered that Bahá'u'lláh was propped up on His pillows, a Bahá'í seated on either side of Him, fanning Him to cool His fever, with others gathered around. He quoted from His own writings, "Be not dismayed . . . Arise to further My Cause." And He commanded His followers to "shun disharmony" and be united, at peace.

On May 29, 1892, His spirit ascended. Those He left behind took comfort in the fact that He secured their unity and His world-redeeming Revelation by naming 'Abdu'l-Bahá the Center of His Covenant, the Axis of His Faith, the only Interpreter of His teachings.

The Nightingale is flown, and yet . . .

The Nightingale, Bahá'u'lláh

Lo, the Nightingale of Paradise
singeth upon the twigs of the Tree of Eternity,
with holy and sweet melodies,
proclaiming to the sincere ones
the glad tidings of the nearness of God ...

Bibliography

'ABDU'L-BAHÁ, *Memorials of the Faithful*, Bahá'í Publishing Trust, Wilmette, 1971.

——*Bahá'í Prayers, A Selection of Prayers Revealed by Bahá'u'lláh, the Báb and 'Abdu'l-Bahá*, Bahá'í Publishing Trust, Wilmette, 1975.

BAHÁ'U'LLÁH, *Epistle to the Son of the Wolf*, Bahá'í Publishing Trust, Wilmette, 1956.

——*The Seven Valleys and the Four Valleys*, Bahá'í Publishing Trust, Wilmette, 1952.

BALYUZI, H.M., *'Abdu'l-Bahá*, George Ronald, London, 1971.

——*Bahá'u'lláh, The King of Glory*, George Ronald, Oxford, 1980.

——*Khadíjih Bagum*, George Ronald, Oxford, 1981.

——*The Báb, The Herald of the Day of Days*, George Ronald, Oxford, 1973.

LADY BLOMFIELD (SITÁRIH KHÁNUM), *The Chosen Highway*, Bahá'í Publishing Trust, London, 1940.

FAIZI, A.Q., translator, *Stories from the Delight of Hearts*, The Memoirs of Hájí Mirzá Haydar-'Alí, Kalimat Press, Los Angeles, 1980.

FURÚTAN, ALÍ-AKBAR, *Stories of Bahá'u'lláh*, George Ronald, Oxford, 1990.

GAIL, MARZIEH, *Dawn Over Mount Hira*, George Ronald, Oxford, 1991.

HONNOLD, ANNAMARIE, *Vignettes from the Life of 'Abdu'l-Bahá*, George Ronald, Oxford, 1982.

In Memoriam: Dr. Zia Mabsut Bagdadi, A Compendium of Volumes of *The Bahá'í World*, I-XII, George Ronald, Oxford, 1981.

In Memoriam: Murassa (Yazdi) Rowhani and In Memoriam: Tara'zullah Samandari, *The Bahá'í World, Vol. XV*, Bahá'í World Center, Haifa, 1976.

JINAB-I-FADIL, *The Life of Bahá'u'lláh*, Star of the West, Vol. 14, No. 10, January, 1924.

NABÍL-I-AZÁM, *The Dawn-Breakers,* (translated and edited by Shoghi Effendi), Bahá'í Publishing Trust, Wilmette, 1962.

NAKHJAVÁNÍ, BAHÍYYIH, *When We Grow Up*, George Ronald, Oxford, 1979.

Research Department of the Universal House of Justice, *A Compilation of Bahá'í Writings on Music*, Bahá'í Publishing Trust, Oakham, 1973.

ROOT, MARTHA L., *A Visit to Adrianople*, Bahá'í World, Vol. V, Bahá'í Publishing Committee, New York, 1934.

RUHE, DAVID S., *Door of Hope*, George Ronald, Oxford, 1983.

SHOGHI EFFENDI, *God Passes By*, Bahá'í Publishing Committee, Wilmette, 1944.

El Ruiseñor, Bahá'u'lláh

Janet Ruhe-Schoen

Traducido del inglés por Jaleh Ruhe
y Pedro Zenker
con la colaboración de José M. Fierro

Badí' Publishing
Phoenix, Arizona USA
www.badipublishing.com

Contenido

El Valle del Amor	8
El Padre de los Pobres y la Madre de la Consolación	13
Entrad en Paz, Seguros	16
La Fragancia de la Vestidura del Misericordioso	18
El Alegra a los Desconsolados y Alimenta a los Hambrientos	20
¡Revélate! Oh Revelador de la Verdad	23
Aquel Místico Amanecer	25
Año de Revoluciones	28
Un Verdadero Milagro	32
Oscuridad	35
Luz	44
El Cuello que Acostumbraste al Roce de la Seda	46
¿Quién Libra de las Dificultades Salvo Dios?	49
El Sin Nombre	52
Lloramos por Tí, oh Más Grande Misterio	58
Lágrimas Como la Lluvia de Primavera	63
Mil Garras de Envidia	66
Veneno	69
¿Puede Uno Fijar la Mirada en el Sol?	72
Banderas de Luz	76
Metrópolis del Búho	79
Que Todos los Habitantes de la Tierra se Unan	82
Más Manifiesto que el Sol	84
Una Puerta de Esperanza	88
Sonidos, Silencios, Brisas Fragantes	90
Múltiples Maravillas y Prodigios	94
Lo Recuerdo a Él y a Su Majestad Irresistible	97
El Ruiseñor del Paraíso	100

Agradezco a mi esposo y a mis hijos
por su espíritu y su apoyo.
Dedico este libro
al proposito de lograr la paz.

En el siglo XIX, en Persia, lo que hoy se conoce como Irán, el país de las fábulas, un miembro de la nobleza con una riqueza espectacular abandonó todos los placeres y beneficios terrenales con el propósito de sufrir, ser encarcelado, torturado y exiliado y establecer la Fe Bahá'í por medio del poder del sacrificio. Ser bahá'í significa ser un seguidor de la Luz o de la Gloria. El nombre de éste hombre fue Bahá'u'lláh, lo que significa la Luz de Dios, o la Gloria de Dios.

Ahora, tras un siglo de Su fallecimiento en 1892, historiadores versados en Persa, Árabe, Francés, Inglés y otros idiomas han estudiado con entusiasmo y profundidad Su bien documentada vida y han escrito grandes y detallados volúmenes sobre Él. También han traducido memorias de gente que lo conoció. De la labor de éstas personas, y con gratitud hacia ellos, ofrecemos esta versión abreviada, un relato de Su vida en cuentos.

El Valle del Amor

¡El es el Rey! ¡El Omnisciente! ¡El Sabio!
He aquí, el Ruiseñor del Paraíso
canta sobre las ramas del Arbol de la Eternidad,
dulces y sagradas melodías,
proclamando a los sinceros
las buenas nuevas de la proximidad de Dios...

CUANDO NACIÓ UN bebé al amanecer del 12 de Noviembre de 1817 en una suntuosa mansión en Tihrán, Irán, parecía tratarse sólo de otro hijo de una familia grande y adinerada que crecería mimado y consentido, perfumado y cubierto de joyas, arrogante de tanto privilegio y poder. Pero un famoso maestro religioso, reverenciado como santo que visitaba Tihrán en ese tiempo, supo de éste particular nacimiento y rezó por el recién nacido, llamándolo el "tesoro escondido de Dios."

Al bebé lo llamaron Husayn-Alí. Bahá'u'lláh fue el título que Él tomaría muchos años más tarde. Su padre procedía del distrito llamado Núr, que significa Luz. Era ahí donde Su familia tenía una casa de verano.

Esa tierra de luz estaba llena de montañas coronadas de nieve eterna, praderas floridas y, junto al reluciente Mar Caspio, había bosques viejos llenos de ruiseñores. Era una tierra de leyendas. En una de esas leyendas se había profetizado que en esa tierra crecería un árbol celestial cuyas ramas tocarían el cielo y cuyo fruto le daría vida al mundo.

El niño amaba ese deslumbrante paisaje prefiriendo la frescura silvestre de su aire y aguas cristalinas a las riquezas y posición que heredaría.

Su madre comentaba que cuando era bebé nunca lloraba. Él la asombró con su calmada paciencia. Creció y se convirtió en un niño digno y tranquilo. Cuando tenía cinco o seis años soñó que estaba en un jardín donde lo atacaban aves gigantescas pero no le hacían daño. Luego se iba a nadar al mar y los peces lo atacaban pero sin herirlo. Le contó el sueño a Su padre quien se lo comentó a un adivino. Este le dijo que el jardín y el mar representaban al mundo y que las aves y los peces eran sus gentes: Bahá'u'lláh sería atacado por entregar un gran mensaje, pero triunfaría.

Quizás por ello, el padre de Bahá'u'lláh escribió el siguiente verso de una tradición islámica acerca de Moisés, sobre el portón principal de una de sus mansiones:

Este es el valle del amor,
Detened vuestros pasos;
Esta tierra es sagrada,
Despojaos de vuestros zapatos.

A pesar de la posición de su padre, la educación de Bahá'u'lláh se limitó a la equitación, el tiro al blanco, la esgrima, la caligrafía, la poesía persa, la etiqueta de la corte y el Sagrado Qu'rán, según era la costumbre. La ciencia, lenguas occidentales, historia mundial y literatura fueron ignoradas. La etiqueta de la corte era la materia que se consideraba de mayor importancia ya que en esos tiempos, el Sháh, conocido como el Rey de Reyes, era omnipotente.

A temprana edad el niño aprendió a no impresionarse con ese poder, un día cuando vio una llamativa obra de títeres en la que el rey, con una corona reluciente, primero ordenaba la muerte de un ladrón y luego mandaba a sus soldados a reprimir una rebelión. Los diminutos soldados disparaban pequeñas escopetas. El humo se levantó, los rebeldes cayeron y "sangre" roja y líquida fluyó. Al terminar la obra Bahá'u'lláh observó al titiritero salir por detrás de la cortina cargando una caja bajo su brazo.

Bahá'u'lláh recordaria mas tarde: "Le pregunté, ¿qué llevas en la caja? ¿Dónde están el rey y sus hombres?" El titiritero me respondió que todas esas grandes cosas y sus manifestaciones, como los reyes, príncipes y ministros, la gloria, la majestuosidad, el poder y la soberanía...estaban adentro de la caja...."

El niño se convirtió en un joven conocido por su sabiduría, elocuencia y temperamento dulce. Los hombres importantes de la corte del Sháh que rodeaban a Su padre, también lo rodeaban a Él, pidiéndole Su consejo. Y los niños siempre querían estar a Su lado. Él disfrutaba de las personas y la naturaleza. Siempre se paseaba en los jardines, bosques y praderas, a pie, a veces a caballo, a veces solo, frecuentemente acompañado por amigos.

Solo se enojaba ante las referencias irrespetuosas que las personas hacían contra cualquiera de los Mensajeros de Dios. En una ocasión, escuchaba a un maestro muy favorecido por el Sháh, disertar largamente con un grupo complaciente, y describir el nivel de desprendimiento espiritual que las personas pueden y deben lograr. El maestro dijo que él era tan desprendido que si el mismo Jesucristo le llegara a su puerta en persona, él no tendría deseos de verlo. Todos murmuraron lisonjeramente, pero Bahá'u'lláh cortésmente le preguntó al hombre lo que haría él si le tocara a su puerta el verdugo del Sháh con 10 soldados y le dijera que el Sháh exigía verlo. El maestro admitió que se sentiría preocupado. Bahá'u'lláh respondió que en ese caso, no debería de pretender ser tan desprendido si Jesucristo le exigía lo mismo.

El Padre de los Pobres y la Madre de la Consolación

SIGUIENDO LA TRADICIÓN, Bahá'u'lláh se casó siendo aún muy joven. Su esposa era una mujer hermosa de una familia adinerada y la llamó Navváb, un titulo de respeto para una gran dama. "Es añadir riqueza a la riqueza" comentaban las personas sobre su matrimonio. Una caravana de cuarenta mulas se encargó de llevar sus posesiones decoradas de joyas a la casa de su esposo. Su hija, posteriormente, describió a Navváb como una mujer de complexión delgada y llena de gracia, de ojos azul oscuro con el porte de una reina, sabia y gentil.

Debido a la atención constante, personal y bondadosa que le prestaban a los necesitados, Bahá'u'lláh y Navváb llegaron a ser conocidos como "el Padre de los Pobres" y "la Madre de la Consolación." No les interesaba embelesarse. A pesar de que los invitaban a los eventos de la corte del Sháh, raras veces iban. Tampoco iban a las fiestas, comidas y galas celebradas por la aristocracia. Pero sí recibían a todo tipo de gente todos los días en su casa.

Cuando Bahá'u'lláh tenía 22 años Su padre murió y el Sháh le ofreció la posición de Su padre en la corte. Bahá'u'lláh la rehusó. El primer ministro, una serpiente de hombre, a pesar de que no amaba a Bahá'u'lláh, hizo el siguiente comentario: "Semejante posición no es para Él. Él tiene un propósito más elevado en mente. Yo no lo entiendo... Sus pensamientos no son como los nuestros...."

En cierta ocasión, el primer ministro se enfadó porque quería comprar un terreno que le pertenecía a Bahá'u'lláh pero Él no se lo quiso vender en consideración a las personas que vivían ahí. El ministro lleno de celos lo atacó: "¿Qué es todo esto de festejar y dar banquetes a tanta gente en tu casa? Yo que soy el primer ministro del Sháhansháh (rey de reyes) de Persia, no recibo en mi casa ni la cantidad ni la variedad de gente que se congregan alrededor de tu mesa noche tras noche. ¿Porqué eres tan extravagante y generoso? ¿Será que estas planeando hacer algo en mi contra?"

"Dios de gracia" contestó Bahá'u'lláh "¿Acaso al hombre que debido a que tiene una abundancia de corazón, comparte su pan con otros, se le debe acusar de albergar intenciones criminales?"

El primer ministro, por una vez, se refugió en el silencio.

Fue Su fama de Padre de los Pobres, así como la reputación de generoso y el desapego de las posesiones materiales, lo que hizo posible que una carta muy importante le llegara a sus manos.

Entrad en Paz, Seguros

✒ ESA CARTA PROVENÍA de un joven mercader de la ciudad de Shiraz y se la traía a Bahá'u'lláh desde esa lejana ciudad un gran viajero y renombrado buscador espiritual.

El buscador espiritual era alumno del hombre que rezó por "el tesoro oculto de Dios" cuando Bahá'u'lláh nació, y también de su sucesor quien antes de morir le había instruido a sus estudiantes a ayunar y rezar para encontrar, siguiendo su propia intuición, a aquel que se llamaría "La Puerta de Dios." Algunos de los estudiantes se excusaron de esa misión nombrando a la familia, los negocios u otras obligaciones como excusa. Pero nuestro buscador, Mullá Husayn, se aisló durante cuarenta días y noches. Rezó, ayunó y comenzó su viaje desde las orillas del río Eufrates en Irak. Siguiendo su intuición viajó primero por barco y luego durante meses por tierra, cruzando desiertos y montañas altísimas hasta que un día cruzó una planicie verde y al caer la noche se encontró a las afueras de los muros de la ciudad de Shiraz.

Quizás, mientras observaba las cúpulas celestes de la ciudad, enmarcadas con montañas nevadas e inhalando el olor a flor de naranja y rosas se preguntó por qué su corazón lo había guiado hasta ese lugar. Fue entonces, en la entrada misma de la ciudad, cuando se le acercó un joven de gestos calmados y cara hermosa, quien lo saludó y lo invitó a hospedarse en su casa. El joven tenía una voz melodiosa, un donaire erguido, un porte imponente. Mullá Husayn no se pudo rehusar y lo siguió por calles sinuosas hasta llegar a la puerta de su casa. Ahí el joven le citó del sagrado Qu'rán "Entrad en paz, seguros."

Mullá Husayn, lleno de polvo por el viaje, se disculpó para lavarse, pero su joven anfitrión insistió en verterle él mismo el agua en las manos. Luego preparó el té, lo sirvió e invitó a Mullá Husayn a orar con él, pues era la hora de las devociones vespertinas. Ambos rezaron y empezaron a conversar mientras que la tarde se alargó hasta que se hizo noche.

Mullá Husayn lo recuerda así: "Me sentí transportado por la magia de Su voz y la fuerza arrasadora de Su revelación. . . fascinado por Su prolación, sin noción del tiempo . . . entonces se dirigió a mí con estas palabras: '¡Oh Tu quien eres el primero en creer en Mi! Verdaderamente digo, Yo soy el Báb, la Puerta de Dios . . . .'"

La Fragancia de la Vestidura del Misericordioso

🖋 EL BÁB HABIA SIDO admirado toda su vida por su honestidad, serenidad y lucidez. El nombre que le dieron sus padres era Siyyid Alí-Muhammad. El nombre Siyyid indica ser descendiente de la familia de Muhammad, al igual que el usar un turbante verde. Cuando aún era niño se le había eximido de asistir a la escuela donde las lecciones consistían en memorizar el Sagrado Qu'rán. Lo eximieron porque su maestro se sentía "indigno de tratar de enseñar a un niño tan excepcional." El Báb insistía no solo en memorizar las palabras sino además en profundizar sobre lo que significaban. Fue criado por su tío y trabajaba con él como comerciante, pero se pasaba horas rezando, dirigiendo su mirada hacia el sol naciente y cantando "Oh Dios, mi Dios, mi Amado, el deseo de mi corazón . . . ."

En esa noche del 23 de mayo de 1844, mientras el Báb estaba con Mullá Husayn, su esposa se despertó sola en la obscuridad y vio la luz en el cuarto donde estaban sentados. Entonces subió las escaleras en búsqueda de su marido. "Ahí lo vi," recordaría mas tarde, "de pie en la recámara, sus manos dirigidas hacia los cielos, entonando una oración en una voz de lo más melodiosa, derramando lágrimas. Y su cara estaba luminosa, de su rostro emanaban rayos de luz. . . ."

Ella se sintió tan abrumada que estuvo a punto de llorar, pero el Báb gentilmente le indicó con un gesto que se volviera.

Ella regresó a su aposento, donde lloró por su joven marido de 26 años con una tristeza que presentía que el camino de Él era el del martirio y el de ella era el de sufrir. Bahá'u'lláh dijo de ella después de su muerte: "Tú eres aquella quien, antes de la creación del mundo del ser, pudo percibir la fragancia de la vestidura del Misericordioso."

En los días siguientes, 18 buscadores más encontraron al Báb por si mismos, tal como lo había hecho Mullá Husayn. Ellos también encontraron la fragancia del Misericordioso. Ellos fueron los primeros Bábís. El Báb los envió por todo Irán e Irak para anunciar Su presencia. Él mismo viajó a la Meca para anunciarse en el lugar más sagrado del Islam. Mullá Husayn esperaba ser elegido para acompañarlo pero no fue así. Desilusionado, pero resignado y humilde, éste gran buscador fue enviado a otra búsqueda.

El Alegra a los Desconsolados y Alimenta a los Hambrientos

🖋 MULLÁ HUSAYN VIAJARÍA a Tihrán para buscar a una persona específica que cumpliera con ciertos requisitos específicos y entregarle un pergamino con una carta del Báb. En el camino a Tihrán y en la ciudad misma, Mulla Husayn se hospedó en lugares humildes enseñando constantemente. La expectativa de una nueva Revelación era grande, pero el fanatismo religioso era excesivo. Mullá Husayn se encontró con el interés ardiente de algunas personas así como con el frío rechazo de muchas otras. Un día, un joven del distrito de Núr vino para estudiar con él en su humilde morada. Mullá Husayn le preguntó: "¿Dime: existe hoy en día, entre los miembros de la familia del fallecido Mírzá Buzurg de Núr, quien fue famoso por su nobleza de carácter, sus encantos y capacidades artísticas e intelectuales alguien que mantenga las mismas elevadas tradiciones?"

El estudiante respondió que Mírzá Buzurg tenía un hijo que era muy similar a él.

El Alegra a los Desconsolados y Alimenta a los Hambrientos

Mullá Husayn le preguntó cuál era el oficio de esta persona.

El estudiante respondió "Él alegra a los desconsolados y alimenta a los hambrientos."

Mullá Husayn le preguntó si tenía algún cargo o posición oficial a lo cual el joven respondió, "El no tiene oficio aparte de ofrecerle su amistad al pobre y al extraño." Mullá Husayn le preguntó por su nombre, su estilo de caligrafía, se entero de cual era su edad (28 años) y supo de su amor por los paseos campestres. Con cada detalle, Mullá Husayn sentía mayor felicidad. Finalmente, le dio al joven la carta para que la entregara al amanecer.

Al día siguiente, el joven le llevó el pergamino a Bahá'u'lláh quien lo abrió inmediatamente y lo empezó a leer en voz alta. Después de haber leído tan sólo una página, se declaró ser creyente del Báb. Le dio al joven una bolsa de azúcar ruso y un paquete de té fino para que se lo llevara a Mullá Husayn.

El azúcar ruso y el té fino se consideraban regalos valiosos en esos días, sin embargo, el joven se asombró cuando Mullá Husayn los recibió con mucho júbilo. Sabía que su maestro no consideraba esos lujos como algo importante. Mullá Husayn le advirtió que no comentara lo sucedido con nadie. Dijo: "El secreto de las cosas queda escondido ante nuestros ojos. Nuestro es el deber de hacer el llamado del Nuevo Día . . . Muchas almas en esta ciudad derramarán su sangre en éste sendero. Esa sangre regará el Árbol de Dios y lo hará florecer y esparcir su sombra sobre todo el mundo."

¡Revélate! Oh Revelador de la Verdad

🙵 BAHÁ'U'LLÁH SE FUE inmediatamente a su hogar en Núr para enseñarle a los suyos acerca del Báb. Aun en esa época temprana de la fe, Su propia grandeza, de la cual Él no decía nada, le era aparente a algunas almas perceptivas.

Un día, mientras cabalgaba por el campo con algunos amigos, vio a un hombre joven solitario sentado a la orilla de un arroyo frente a una fogata recién encendida.

El hombre tenia el cabello largo y sucio y vestía la burda vestimenta de un derviche. Era obviamente un místico errante. Bahá'u'lláh le preguntó amablemente "Dime, derviche, ¿qué es lo que estas haciendo?"

"Me estoy comiendo a Dios," fue su respuesta. "Estoy cocinando a Dios y lo estoy quemando."

Bahá'u'lláh se sonrió, complacido con la manera franca y directa del derviche y empezaron a conversar. Bahá'u'lláh rápidamente le impartió enseñanzas sobre la naturaleza exaltada de Dios mientras el derviche vio en Bahá'u'lláh una gran luz. Dejando sus utensilios de cocina, se puso de pie y siguió a Bahá'u'lláh por el camino cantando poemas que improvisaba al momento:

> Eres la Estrella Diurna de Guía,
> Eres la Luz de la Verdad.
> Revélate a los Hombres,
> ¡Oh Revelador de la Verdad!

Núr fue el primer lugar en Irán donde un gran numero de personas se convirtieron en Bábís. Esto se debe en gran parte al trabajo de Bahá'u'lláh. El historiador y poeta Nabíl escribió: "El efecto de Sus palabras y Sus actos cuando predicaba la Causa y revelaba Su Gloria fue tal que ... todas las cosas parecían dotarse de una nueva y abundante vida y cada cosa parecía proclamar en voz alta '¡Mirad la Belleza de Dios se ha hecho manifiesta!'."

Aquel Místico Amanecer

LOS PRIMEROS BÁBÍS viajaron y enseñaron por todo Irán y al cabo de pocos años miles de personas se habían convertido. A las personas como el Primer Ministro, que había acusado a Bahá'u'lláh de traición, simplemente por ser hospitalario, no les gustaba la nueva religión. El ministro se preguntaba ¿cómo podía mantener su autoridad si al Báb se le permitía ser el líder de lo que él sabía que era en realidad una revolución espiritual? ¿Qué le sucedería a sus sobornos, conspiraciones, placeres y privilegios?

Se sintió especialmente amenazado cuando el interés por el Báb creció tanto que el Sháh decidió conocerlo en persona. El ministro temió que el Báb encantaría al Sháh. De hecho, algunos de los lideres religiosos y políticos más influyentes habían renunciado a sus posiciones para seguir al Báb; para la mente del primer ministro, marchitada por la envidia y la malicia, esto era obra de magia. Por supuesto que los personajes influyentes que se convirtieron en Bábís fueron sólo unos pocos. La mayoría de los Bábís eran personas humildes de poco poder pero la cantidad era tal que causaba miedo y su fe era aparentemente invencible.

Todo esto sucedía a pesar de que el Báb estaba en prisión. A los pocos meses de su reunión con Mullá Husayn, el Báb había viajado a la Meca donde, vestido con el ropaje de peregrino se paró frente al gran santuario, el Ka'bih y sosteniendo el aro de la puerta anuncio con tonos penetrantes "Yo soy El Prometido cuya venida han estado esperando." La multitud respondió con un silencio momentáneo, pero al siguiente instante las palabras del joven se perdieron. Sin embargo, la noticia de Su proclamación se esparció rápidamente así como el inevitable clamor de herejía y engaño.

Unos meses después de que el Báb regresara a Irán, le legó todas sus pertenencias a su madre y a su esposa y le confió a su esposa y a nadie más el secreto de su destino. Le dio una oración, la cual Él le prometió que aliviaría su dolor. Entonces se sometió voluntariamente a ser arrestado.

El Báb vivió los siguientes meses de su vida entre paredes, confinado en las casas de oficiales. Los mismos oficiales que lo cuidaban llegaron a reverenciarlo y la religión Bábí floreció y creció.

Así fue que en 1847 el Báb viajó a caballo por invitación (u ordenes) del Sháh y bajo escolta armada a la ciudad de Tihrán.

Su viaje parecía más una procesión real que la transportación de un prisionero. Los guardias eran tan indulgentes con el Báb que éste podía hacer básicamente lo que quería. Una noche, cerca de la aldea de Kulayn, el Báb desapareció de su tienda. Esto sucedió inmediatamente después de que unos amigos de Tihrán lo visitaran, trayendo consigo una carta y unos regalos procedentes de Bahá'u'lláh, lo que da origen a la leyenda de que el Báb y Bahá'u'lláh, el anunciante y el anunciado, se conocieron en persona y no sólo mediante cartas o en espíritu.

Un discípulo del Báb que viajaba con Él dijo que cuando el Báb regresó voluntariamente a donde estaban los guardias, una figura solitaria proveniente de la dirección de Tihrán con la luz del amanecer, su cara estaba tan radiante y su poder tan palpable que nadie se atrevió a decir nada, ni a preguntarle a donde había ido, ni acerca del cambio tan notable, la suprema confianza que ahora proyectaba. El no ofreció ninguna explicación en ese místico amanecer ni en ningún otro momento.

Año de Revoluciones

✒ A PESAR DE SU CARISMA, su poder no podía salvarlo de aquellos que disfrutaban de poder terrenal y Él lo sabía muy bien. El Primer Ministro podía manipular a voluntad al joven Sháh y por él, el Sháh le escribió otra "invitación." Los guardias del Báb recibieron instrucciones de llevarlo más allá de Tihrán, al norte de Irán, a una prisión-fortaleza construida en las rocas en la cima de una montaña.

Con el Báb encerrado tras esas imponentes puertas, el primer ministro asumió que había callado Su voz para siempre.

Al mismo tiempo, algunos sacerdotes lanzaron invectivas en contra de los Bábís acusándolos falsamente de crímenes graves, lo que resultó en una avalancha de persecuciones. Miles de Bábís sufrieron robos, tortura y muerte a manos de sus propios vecinos e inclusive de sus propias familias. Aun así, su fe seguía fuerte. Muchos de ellos viajaron como peregrinos hasta la prisión donde estaba el Báb, mientras que los guardias y habitantes de los pueblos al pie de la montaña se convirtieron en Sus admiradores. El Primer Ministro, exasperado, exilió al Báb a otra prisión en otra montaña, aun más remota.

En 1848, estaba claro que ser bábí era arriesgarse a perder todo, inclusive su propia vida. Miles de personas estaban dispuestas a hacer ese sacrificio.

Ese año se conoce en los libros de historia como el Año de las Revoluciones. Hubo revueltas en Francia, Alemania, Austria, Italia, Irlanda, India y China; y el Manifiesto Comunista fue publicado en París. El Primer Congreso Sobre la Paz Mundial se llevó acabo en Bruselas. En Julio de 1848 se celebró la primera conferencia en el mundo sobre los derechos de la mujer en Séneca Falls, Nueva York.

Éste último evento fue precedido por otro momento histórico para los derechos de la mujer. Éste tuvo lugar en Junio de 1848 en Irán, entre todos los lugares posibles, donde a una mujer le podían matar como castigo por aparecer en público sin llevar la cara oculta por un velo. Sucedió que ochenta y un bábís habían colocado sus tiendas en un campo abierto cerca del pueblo de Badasht. Bahá'u'lláh los había congregado ahí: eran Sus huéspedes. Entre ellos, en este lugar placentero, junto a un riachuelo que circundaba tres jardines, estaba una mujer conocida con un nombre que significa "Solaz de los Ojos."

Esta mujer ya era famosa antes de convertirse en bábí, porque era algo raro en el Irán del siglo XIX, ya que era una mujer letrada, una maestra religiosa y una poetisa. Ella vivía con una libertad sin precedente en aquel tiempo y lugar. Sin embargo, la obligaban a exponer sus clases sobre teología y recitar su poesía oculta tras la cortina de un claustro para que ningún hombre le pudiera ver el rostro. A pesar de ser conocida como "Solaz de los Ojos" y tener la reputación de ser bella, ningún hombre en la Conferencia de Badasht había visto su rostro. (Ella dejó un pequeño autorretrato entre los pocos papeles que sobrevivieron a su temprana muerte: "un pequeño lunar sobre la orilla del labio, un rizo de cabello negro a los lados de cada mejilla . . .")

Ella fue una de las primeras 18 personas en encontrar al Báb y la única mujer del grupo. Ella enseñó Su Fe con valentía y vivió en peligro de muerte debido a ello. En Badasht recibió un nuevo título: Tahirih, "la Pura." Durante los 22 días de la conferencia cada participante recibió un nuevo nombre y cada día se daba una nueva enseñanza mientras que las viejas leyes, tradiciones y supersticiones eran anuladas. Pero fue hasta el día 22 en que los participantes realmente entendieron la naturaleza radical de su nueva Fe.

Llegaron a éste entendimiento cuando Tahirih en un momento singular y fulminante, se presentó ante ellos sin el velo cubriéndole el rostro.

Ellos consideraban a Tahirih como un símbolo de todo aquello que era casto y santo. Inclusive, aun cuando estaba totalmente oculta por el chador, ellos bajaban la mirada en su presencia considerando un pecado el mirar su sombra. Para ellos, el mostrar la cara era inconcebible. Algunos hombres huyeron indignados y en pánico; un hombre se volvió tan histérico que se cortó su propio cuello y cubierto en sangre salió corriendo de la reunión. Aquellos que pudieron mantener algo de cordura escucharon a Tahirih proclamar "¡Soy la Palabra que El Prometido ha de pronunciar, la Palabra que hará huir a los jefes y nobles de la tierra!"

Pero la noticia de los actos de Tahirih incitó a algunos jefes y nobles a aumentar la persecución en contra de los bábís. Y ella no fue la única bábí que enseñó con actos audaces y valientes. La audacia de los creyentes hizo a sus enemigos mas malignos.

Un Verdadero Milagro

EN UNA TORMENTA de violencia los Bábís perdieron a miles de sus creyentes, incluyendo a muchos de los más intrépidos, entre ellos al gran buscador espiritual, Mullá Husayn. En 1849 encerrado entre las paredes de roca de su celda, el Báb, después de haber escuchado de las torturas que sus seguidores soportaban resueltamente, lloraba por ellos continuamente e izaba su voz en oración, pero no quiso que ningún escribano registrara sus magníficas lamentaciones. Guardó su pluma y guardó luto durante cinco meses completos.

Entonces al mediodía del 9 de julio de 1850, sus propios sufrimientos terminaron pues fue ejecutado por un pelotón de fusilamiento de 750 rifles. Tenía entonces 31 años.

El primer intento de matarlo falló. Él y un discípulo que había rogado morir con Él fueron suspendidos por sogas de una pared en una plaza pública de la ciudad de Tabriz. El pelotón se alineó en tres filas de 250 soldados cada uno. Sobre los techos alrededor de la plaza y en las casas circunvecinas, se congregó una multitud de miles de testigos.

Las tres largas filas de soldados abrieron fuego en turnos sucesivos. Cuando la densa nube de humo negro de los rifles se disipó, la multitud que estaba observando, vio que el Báb había desaparecido. Vieron a su discípulo de pie frente a ellos vivo e ileso junto a la pared. 750 balas y todas las 750 habían fallado. Lo único que se había dañado fueron las sogas, las cuales estaban cortadas.

Los guardias encontraron al Báb muy sereno y tranquilo, en el cuarto donde había estado encerrado, acabando la conversación que había sido interrumpida cuando los soldados se lo habían llevado a fusilar. Les dijo: "He terminado mi conversación. Ahora pueden proceder a cumplir con sus intenciones."

El primer pelotón de fusilamiento se negó a repetir la ejecución y trajeron a otro pelotón. El Báb se dirigió al público presente así: "Oh generación descarriada...ya llegará el día en que Me habrán reconocido; ese día habré cesado de estar con ustedes." Esta vez, el humo se disipó y mostró los caídos y mutilados cuerpos del Báb y de su compañero. Pero la joven cara del Báb estaba intacta.

"Un verdadero milagro" fue como un escritor francés describió la historia del martirio del Báb, y que se publicó en varios diarios que se leyeron en todo el mundo.

Sin embargo la multitud presente tuvo poco tiempo para admirarse o apesadumbrarse de la extraña seudovictoria de 750 rifles sobre dos hombres jóvenes: un gran viento se levantó y la ciudad quedó envuelta en una nube cegadora de polvo. En medio del tumulto, los cuerpos del Báb y su discípulo fueron llevados a un foso en las afueras de la ciudad.

Poco tardaron los enemigos del Báb en proclamar que los restos del Báb habían sido devorados vilmente por animales salvajes. La verdad fue que bajo las órdenes de Bahá'u'lláh los Bábís habían rescatado exitosamente el cuerpo, lo habían envuelto cuidadosamente en seda, lo habían colocado en un ataúd hecho especialmente y lo habían escondido en un lugar secreto y seguro.

Oscuridad

🙵 EL BÁB ESTABA AHORA fuera de peligro de todo ser viviente. Las circunstancias de Bahá'u'lláh eran completamente diferentes. Él había lamentado los sufrimientos del Báb y anhelaba compartirlos; su deseo se convertiría en realidad.

En 1852, dos Bábís, en un acto contrario a las enseñanzas del Báb, intentaron asesinar al Sháh. Estaban enloquecidos por lo que le había ocurrido a Él y a tantos de sus seguidores. Su venganza falló porque habían usado municiones en lugar de balas, lo que solo logró herir levemente al Sháh y romper el collar de perlas que adornaba la cabeza del caballo que montaba. Aun así el Sháh no tuvo compasión. Se intensificaron las persecuciones, lo que abrumó a Bahá'u'lláh y a su familia.

Bahá'u'lláh había sido durante mucho tiempo, la mano que guiaba muchos de los desarrollos providenciales de los seguidores del Báb. Tahirih se encontraba entre las personas que habían reconocido su autoridad antes de que Él se declarara. Ella se había dirigido a Él en poemas, usando la palabra Abhá, una variación de Bahá:

> "La refulgencia de la Belleza de Abhá Ha penetrado el velo de la noche;
> Mirad las almas de Sus amantes bailando, como mariposas nocturnas,
> En la luz que emana de su rostro..."

Pero hasta 1852, más allá de unos incidentes aislados, Bahá'u'lláh no había sufrido físicamente el peso de la Fe. Entonces todo cambió.

Muchos años más tarde la hija de Bahá'u'lláh recordaría el jugar en los hermosos jardines en su casa de verano en lo alto de las montañas con una vista panorámica de la ciudad de Tihrán, pero que era sólo una vaga memoria. Sin embargo un momento muy memorable y vívido de sus primeros años, fue cuando ella tenía seis años y uno de los sirvientes de la casa llegó corriendo y le dijo llorando a su madre que habían arrestado a Bahá'u'lláh.

El sirviente dijo que a Bahá'u'lláh lo estaban llevando a la ciudad de Tihrán. Lo estaban obligando a recorrer el largo camino, bajo vigilancia, encadenado, descalzo y con los pies sangrando, sin nada que le cubriera la cabeza, en el fuerte sol de agosto. Una muchedumbre encolerizada lo había apedreado, se había burlado de Él y le había quitado sus ropas. A medida que el sirviente relataba lo que aconteció, la cara de Navváb se tornaba cada vez más pálida y los niños lloraban.

El destino de Bahá'u'lláh era un lugar conocido como el "Foso Negro." Al acercarse al lugar salió de entre la multitud de curiosos una anciana quien temblaba de rabia cargando una piedra en su mano con la intención de arrojársela a Bahá'u'lláh. Pero estaba demasiado débil para igualar los pasos de Bahá'u'lláh y los guardias. Él se paró y le dijo a los guardias que se apartaran para que ella se la pudiera arrojar. "Que esta mujer no sufra desilusión" le dijo a los guardias "no le nieguen lo que ella considera un acto meritorio ante los ojos de Dios."

En el "Foso Negro" le colocaron a Bahá'u'lláh cepos en el cuello y en los pies; y en el cuello le pusieron un aro con una cadena tan infamemente pesada que tenía su propio nombre: Qará-Guhar. Estuvo preso y encadenado durante cuatro meses. Bahá'u'lláh llevaría por el resto de su vida las cicatrices y el dolor de las heridas que le produjo el Qará-Guhar.

Era costumbre encarcelar bajo tierra a las personas acusadas de delitos como conspiración y traición. El "Foso Negro" estaba tres pisos bajo tierra. Era un lugar helado, húmedo, lleno de ratas, y oscuro. En el lugar había 150 prisioneros encadenados juntos, 40 de ellos eran Bábís, la mayoría de ellos muriéndose de hambre. Bahá'u'lláh más tarde escribiría: "No hay pluma que pueda describir aquel lugar, ni lengua alguna expresar su repugnante hedor. La mayoría de los prisioneros no tenían ni ropa ni lecho donde acostarse. Solo Dios sabe lo que Nos aconteció en ese horrible lugar."

Bahá'u'lláh prometió que, después de salir del "Foso Negro" se "levantaría con el mayor de los esfuerzos" para renovar la fe de los Bábís. Luego rindió este testimonio, "Cierta noche, en un sueño, se escucharon por doquier estas exaltadas palabras: 'Verdaderamente Nosotros te ayudaremos a triunfar por Ti mismo y por Tu pluma. No te aflijas por lo que te ha acontecido, y no tengas temor. Tú estas a salvo. Antes de mucho Dios revelará los tesoros de la tierra, hombres que Te darán a Ti la victoria por Ti mismo y por tu Nombre, con lo cual Dios ha hecho revivir los corazones de aquellos que saben.'"

Mientras tanto la esposa de Bahá'u'lláh y sus hijos fueron abandonados por todos sus amigos y familiares. Todos sus sirvientes, con la excepción de dos, huyeron. Su casa fue saqueada por turbas en las que estaban incluidas probablemente muchas de las personas que les habían llamado "Padre de los Pobres y Madre de la Consolación." El hermano de Bahá'u'lláh, Músá, ayudó a Navváb y a sus tres hijos a huir y esconderse en una casa pequeña cercana al "Foso Negro."

Los niños tenían entonces nueve, seis y dos años de edad. El mayor era un niño que nació la misma noche en que el Báb declaró su misión y quien mas tarde tomó el titulo de 'Abdu'l-Bahá (el Siervo de la Gloria). Le seguía su hermana quien se llamaba Bahiyyíh, y el más pequeño, era un niño llamado Mihdí. Navváb se encontraba embarazada. Ella tuvo que vender algunas de las pertenencias que le quedaban de su dote para pagarle a los carceleros para que le llevaran comida a Bahá'u'lláh a pesar de que no podía estar segura de que le llegaría, pues los guardias también pasaban hambre. Y aun si recibiera la comida, probablemente Él no se la comería si otros estaban hambrientos.

Un día llevaron al joven 'Abdu'l-Bahá a ver a su padre. Años más tarde recordaría que uno de sus amigos mas valientes, un siervo africano llamado Isfandiyar, lo llevo cargando sobre sus hombros por corredores empinados y pasillos angostos. No veía nada. Con mucho cuidado, Isfandiyar bajo las escaleras a tientas, pero entonces, escucharon la voz de Bahá'u'lláh que resonó en la oscuridad diciendo: "No lo traigas a este lugar."

"Así es que me llevó de vuelta" recuerda 'Abdu'l-Bahá. "Nos sentamos afuera esperando que aparecieran los prisioneros." Cuando por fin su padre apareció "Estaba encadenado a los otros" recuerda 'Abdu'l-Bahá, "Y semejante cadena! Era muy pesada. Los prisioneros apenas la podían mover con gran dificultad. Fue muy triste y desconsolador."

En medio de sus aflicciones, Bahá'u'lláh les enseñó una oración a los otros prisioneros y la cantaban:

> Dios es suficiente para mí.
> Él en verdad es el que satisface todo.
> Que en Él pongan su confianza los que confían.
> Que en Él pongan su confianza los que confían.

Ellos la cantaban toda la noche en lo que Bahá'u'lláh describió como un "coro" de "voces alegres." El Sháh también los escuchó pues el "Foso Negro" estaba próximo a las imponentes paredes de su palacio.

Les mandó un regalo. Una enorme bandeja con carne asada. Por sugerencia de Bahá'u'lláh, todos se rehusaron a tocarla.

Todos los días sacaban a uno de los Bábís del Foso Negro y lo martirizaban en las calles de la ciudad.

Las torturas que recibían en público a manos de turbas, fueron tan terribles que un soldado austriaco en Tihrán escribió: "Por Dios, deseo no haber vivido para verlo...Ahora no salgo de mi casa para no encontrarme otra vez con más escenas de horror."

Una noche un hombre que compartía las cadenas con Bahá'u'lláh le contó sobre un sueño que había tenido. "He volado esta noche" dijo, "en un espacio de infinita vastedad y belleza. Parecía que me elevaba con alas que me llevaban a cualquier lugar que yo deseaba ir... ."

Bahá'u'lláh le dijo: "Hoy será tu turno de sacrificarte por esta Causa... ." Y cuando fue llamado para morir, Bahá'u'lláh le dio sus propios zapatos pues, él no tenía.

Más de 1200 años antes, el profeta Muhammad había hablado de héroes quienes, por su sacrificio, pondrian fin a la larga oscuridad del viejo mundo y serian los rompedores del alba del nuevo mundo: "¡Oh como deseo contemplar los rostros de Mis hermanos! ¡Mis hermanos quienes aparecerán al fin del mundo! Benditos somos, benditos son. ¡Mayor es la felicidad de ellos que la nuestra!"

Los hijos de Bahá'u'lláh y su madre, oyendo a las turbas vitorear los brutales asesinatos, no podían saber si la victima era Bahá'u'lláh o no. Para verificar, ella salía de noche acompañada por 'Abdu'l-Bahá mientras la pequeña Bahiyyíh los esperaba ansiosa sosteniendo al bebé en sus brazos.

Finalmente, el cónsul ruso, quien desde tiempo atrás conocía a la familia de Bahá'u'lláh fue a la corte donde se ordenaban las sentencias y anunció que si se tocaba un solo pelo de la cabeza de Bahá'u'lláh: "correrían ríos de sangre." El cónsul dijo tener el apoyo de su gobierno. Como resultado, un emisario arribó a la prisión para darle a Bahá'u'lláh la orden de Su liberación y para citarlo a comparecer ante miembros del gobierno Imperial. El emisario se disgustó tanto al ver a Bahá'u'lláh en tal lugar y en tales condiciones, que se quitó su propio abrigo y le suplicó a Bahá'u'lláh que lo usara en frente de los oficiales; sin embargo, se negó a usarlo, presentándose ante ellos en su ropa de prisionero.

Pero sus palabras no eran las de un prisionero: "Ordena a los gobernadores del reino" dijo Bahá'u'lláh, "que dejen de derramar la sangre de los inocentes, que dejen de saquear sus propiedades, que dejen de deshonrar a sus mujeres y de hacerle daño a sus hijos."

Tras su liberación, hubo un respiro en las maniáticas persecuciones: un respiro muy corto.

Luz

🖋 CUANDO BAHÁ'U'LLÁH por fin llegó a los dos pequeños cuartos donde vivía Su familia, no habló con nadie sobre los detalles de su encarcelamiento y sufrimientos, sino que alababa el valor y la fe de los mártires. Sin embargo, su hija comentó posteriormente el haber visto "las marcas de lo que había soportado, donde las cadenas le habían cortado su delicada piel especialmente la del cuello. Sus pies heridos y sin atención durante tanto tiempo, evidencia de la bastinado..." Ella dijo: "Cómo lloramos con mi querida madre."

Pero también vieron algo nuevo en su padre. "Había una nueva luz que lo envolvía como una vestidura luminosa, cuyo significado conoceríamos años mas tarde. En ese entonces, solo estábamos concientes de lo maravilloso que era...."

Bahá'u'lláh tuvo una gran visión en el "Foso Negro." Tiempo después, escribió que, mientras yacía encadenado en la oscuridad, escuchó "una voz de lo más maravillosa y dulce" y que vio a una alegre doncella angelical "suspendida en el aire." Él dijo, "... ella estaba proclamando un llamado que cautivaba los corazones y las mentes de los hombres .... indicando con su dedo hacia Mi cabeza, ella se dirigió a todos los que están en el cielo y todos los que están en la tierra diciendo ¡Por Dios! Este es el Bienamado de los mundos y no lo comprendéis. Esta es la belleza de Dios entre vosotros y el poder de Su soberanía dentro de vosotros, si tan solo pudieseis comprenderlo. Este es el Misterio de Dios y su Tesoro, la Causa de Dios y Su Gloria para todos los que están en los reinos de la Revelación y de la creación, si sois de los que perciben."

Ahí en la oscuridad, el alma de Bahá'u'lláh había sido inundada con luz. Y aunque en ocasiones se refería a ello en forma poética, esperó diez años para revelar la gloria que lo llenaba y no le permitió a las personas que lo atestiguaron personalmente hablar sobre ello.

Y así fue que débil y enfermo, conteniendo dentro de sí el brillo y el peso de la Revelación, y justo después de reunirse nuevamente con su familia luego de una separación para la cual el adjetivo "traumático" parece ser muy débil, recibió una orden de exilio del Sháh.

El Cuello que Acostumbraste al Roce de la Seda

🔖 EL 12 DE ENERO DE 1853, en la parte más amarga de un amargo invierno, Bahá'u'lláh abandonó la ciudad de Tihrán con destino a Bagdad, Irak, que era entonces parte del Imperio Otomano gobernado por Turquía.

El camino atravesaba montañas heladas. Navváb y sus dos hijos mayores eran lo suficientemente fuertes para acompañarlo, pero el bebé Mihdí estaba delicado y Navváb con mucha tristeza lo dejó con su abuela, uno de los pocos parientes en Irán lo suficientemente valiente para mantenerse en contacto con ella.

Navváb tuvo que vender casi todas las joyas y ropas bordadas que le sobraban de su fabulosa dote para pagar el viaje, puesto que el gobierno no les proporcionó nada y la fortuna de Bahá'u'lláh había sido incautada. Fue una despedida triste y fría de la tierra donde había nacido y en la que el amor y el respeto les habían parecido una vez que eran sus derechos, al igual que propiedades y oro: Sólo la abuela de Navváb fue a despedirlos.

El viaje en mulas que avanzaba arduamente milla tras milla por terreno rocoso y frío fué agotador para Navváb pues estaba en sus últimos meses de embarazo. Pero su hija notaba que a pesar de tanta dificultad, Navváb "siempre estaba pensando en mostrar alguna amabilidad hacia otras personas." Sus manos le dolían de lavar y exprimir ropa con agua helada, pero lo que realmente la entristecía era ver a Bahá'u'lláh, tan enfermo y débil debido a las aflicciones del "Foso Negro", ser sometido aún a más penalidades durante este viaje.

Un día Navváb estaba muy contenta porque pudo conseguir un poco de harina fina para hacer un pan ligero y dulce que Bahá'u'lláh pudiera comer, pues Él no podía comer el pan pesado que era el pan regular que comían los exilados. Pero cuando Navváb preparaba el pan, y a falta de luz, cometió el error de poner sal en vez de azúcar a la masa. "Así es que el pan fue imposible de comer. Una gran tragedia tomando en cuenta las circunstancias" comentó su hija.

Bahá'u'lláh escribió sobre su encarcelamiento y su primer viaje al exilio: "¡Mi Dios, mi Maestro, mi Deseo!...El cuello que Tú acostumbraste al roce de la seda, al final lo has ceñido con fuertes cadenas, y el cuerpo que habituaste a los brocados y al terciopelo, Tú, finalmente, lo has sometido a la degradación de un calabozo... finalmente Tu decreto fue establecido irrevocablemente y Tu mandato ordenó que este siervo partiese de Persia, acompañado por un grupo de hombres endebles y niños de tierna edad, en este momento cuando el frío es tan intenso que no se puede ni hablar, y el hielo y la nieve son tan abundantes, que es imposible avanzar."

El viaje duró tres meses. En abril de 1853 Bahá'u'lláh y su familia llegaron a Bagdad.

¿Quién Libra de las Dificultades Salvo Dios?

EN IRAK, LAS DIFICULTADES físicas continuaron, pero eran la menor parte de las aflicciones de Bahá'u'lláh. La Fe Bábí se había debilitado. Sus grandes líderes, incluyendo a Tahirih habían sido martirizados.

Bahá'u'lláh era el único seguidor fuerte y era constantemente acosado por sus enemigos.

Entre ellos, el peor era Azal, su propio hermanastro, débil, vanidoso y envidioso quien se imaginó que debía ser el sucesor del Báb.

Manipulado por un hombre aún peor que él, Azal, siendo un cobarde, se escondía detrás de Bahá'u'lláh mientras conspiraba en su contra, creando rumores y escisiones que tuvieron un efecto mortal sobre el espíritu de los bábís.

Bahá'u'lláh se lamentaba: "Océanos de tristeza se han levantado sobre mí … Tal es mi pena, que mi alma casi ha abandonado mi cuerpo …" Y, a pesar de todos los sufrimientos que tuvo en el "Foso

Negro", fue en Bagdad donde Bahá'u'lláh dijo: "Los días de pruebas han llegado."

Presagió la caída de sus enemigos: "Se acerca el tiempo cuando cada uno de ellos habrá perecido y perdido, se habrán convertido en la nada y llegado a ser algo que no se recuerda, tal como el polvo mismo."

Pero a pesar de estar sentenciados, sus enemigos seguían siendo peligrosos. Bahá'u'lláh les advirtió a los fieles que se protegieran de su maldad, la abrumadora infección del ego, cantando una oración del Báb quinientas o mil veces, cada día y noche, durmiendo o caminando:

¿Quién libra de las dificultades salvo Dios?
Di: ¡Alabado sea Dios! ¡Él es Dios!
Todos somos Sus siervos
y todos nos atenemos a Su mandato!

Bahá'u'lláh y su familia vivían al principio en una casa de dos habitaciones. Una habitación servía de área de recepción. Un día recibieron ahí a unas damas árabes quienes habían sabido del Báb por medio de Táhirih. Una señora muy anciana se impresionó por la forma en que la pequeña Bahíyyih arrastraba la pesada tetera hasta el cuarto para servir el té. La señora luego dijo que esa era una prueba de la maravilla de la religión Bábí. A Bahá'u'lláh le simpatizó este comentario y le dijo a su hija "Aquí hay una señora convertida debido a tu servicio con el samovar."

Pero le entristecían las dificultades que tenían que enfrentar los miembros de su familia. Bahá'u'lláh siempre ayudaba con todas las tareas limpiando y cocinando, al igual que lo hacía su fiel hermano, Musá.

Entonces, a un año de su llegada a Bagdad, Bahá'u'lláh de repente desapareció. La consigna de Bahá'u'lláh era la unidad, y la maligna desunión causada por Azal y otros, le causó más pena que cualquier opresión que pudiera sufrir a manos de un gobierno. Con su ausencia los bábís probablemente se darían cuenta del valor de su presencia. No le dijo ni a su familia a donde iba, ni cuando volvería.

El Sin Nombre

🖋 PORTANDO LA ROPA humilde de un derviche, y llevando sólo un kashkul, o plato de mendigo, Bahá'u'lláh se adentró en las montañas de Kurdistán.

Ahí vivió a veces en una choza de piedra de pastor y a veces en una cueva en la cima de la montaña llamada Sar-Galú.

Posteriormente Él escribiría: "Vagué por el desierto de la resignación viajando de tal manera que en Mi exilio todos los ojos lloraron hasta doler de pena por Mí y todas las cosas creadas derramaron lágrimas de sangre a causa de Mi angustia. Las aves del aire eran Mis compañeras, y las bestias del campo Mis asociados..."

Lloró a menudo. Muchas veces no podía ni dormir ni comer pero dijo que Dios "tenía Mi existencia en Sus manos" y a pesar de Su angustia, sentía su alma "envuelta en un éxtasis de alegría" mientras comulgaba con Su espíritu "ignorando al mundo y todo lo que esta en él."

En Bagdad su familia tuvo que aguantar a Azal quien vivía en su casa. Se quejaba de la comida y por su cobardía extrema, se encerraba bajo llave y se escondía. La pequeña Bahiyyíh recordaba que él no la dejaba salir a jugar. Cuando ella abría un poco la puerta para mirar a las otras niñas que jugaban afuera, él le gritaba que la cerrara.

Entonces el bebé se enfermó. El niño que Navváb había llevado en su vientre cuando estuvo en su escondite durante el tiempo en que Bahá'u'lláh se encontraba en el "Foso Negro" y durante el largo viaje invernal hasta Bagdad y que finalmente había nacido en ésta inhospitalaria ciudad, era, en su inocencia, una fuente de esperanza y deleite para la familia. Azal no permitió que lo viniera a ver un doctor. El bebé murió y Azal no permitió ni un funeral ni un entierro. Le entregaron el cuerpo a un desconocido y Navváb nunca supo donde fue enterrado su hijo menor.

Finalmente, la familia se pudo mudar a una casa que era más grande y Azal, aterrorizado de que lo vieran, se quedó en una casita que estaba en la parte posterior de la casa. Le mandaban comida y sentían algo de alivio al no tener que soportar mas su presencia nociva.

Todo esto mientras se afligían por Bahá'u'lláh.

Sin embargo, Bahá'u'lláh no se había aislado por completo entre las piedras de Kurdistán.

Había pastores y campesinos en el campo y había un pueblo cercano. La gente empezó a notarlo.

Él tenía una hermosa voz y durante la soledad de sus primeros meses en la montaña, de noche, dentro de su refugio, cantaba oraciones y poesías en persa que se elevaban de su alegría y angustia. La gente lo oía y se acercaban para escuchar. Algunas de las oraciones más atesoradas por los baháís de hoy datan de esas noches de soledad. Esta es una de ellas:

> Crea en mí un corazón puro, oh mi Dios,
> y renueva una conciencia tranquila dentro de mí,
> oh mi esperanza.
> Por medio del espíritu del poder,
> confírmame en tu Causa,
> oh mi Bienamado,
> y por la luz de tu gloria
> revélame tu sendero,
> oh Tú, el objeto de mi deseo.
> Mediante la fuerza de tu trascendente poder
> elévame hasta el cielo de tu santidad,
> oh fuente de mi ser,
> y por las brisas de tu eternidad alégrame,
> oh tú que eres mi Dios.

> Haz que tus eternas melodías
> me inspiren tranquilidad,
> oh mi compañero,
> y que las riquezas de tu antiguo semblante
> me libren de todo excepto de Ti,
> oh mi Maestro,
> y que las nuevas de la revelación de tu
> incorruptible Esencia
> me traigan alegría,
> oh Tú quien eres el más manifiesto
> de lo manifiesto
> y el más oculto de lo oculto.

Pero Bahá'u'lláh no era ermitaño por naturaleza. A Él le gustaba la compañía. Un día mientras caminaba por el campo, se encontró con un niño que lloraba amargamente. Levantó al niño en sus brazos y le preguntó por qué lloraba. El niño le contestó que no podía aprender a escribir tan bien como los otros niños y que su maestro le había dado una golpiza. Bahá'u'lláh tomó la pizarra del niño, escribió un brillante epigrama con Su hermosa escritura y le dijo al niño que se lo mostrara a su maestro. Cuando el maestro lo vio se asombró tanto que fue en busca de su autor.

Pronto Bahá'u'lláh adquirió la fama de hombre santo. Las personas lo buscaban y resolvió muchos misterios místicos. Se fue a vivir a un pueblo llamado Sulaymáníyyih y Su reputación fue creciendo hasta que se llegó a saber de Él en Bagdad.

Durante el segundo año de ausencia, su hijo, 'Abdu'l-Bahá rezó con más ganas que nunca por su retorno. Ya con doce años de edad, 'Abdu'l-Bahá llamaba la atención por su seguridad y serenidad y por llevar sobre sus hombros una responsabilidad que la mayoría de los adultos no hubieran podido cargar. De hecho, más tarde le dijo al historiador Nabíl que durante esos dos años había envejecido, aún estando en su juventud.

Su hermana, Bahiyyíh Khánum (de mujer adulta, la gente se refería a ella siempre como Khánum, un titulo de respeto), recordó que la ausencia de su padre, le era patéticamente pesada a 'Abdu'l-Bahá. Un día, después de pasar rezando una vigilia especialmente intensa durante toda la noche, su tío Músá escuchó una conversación en la calle que trataba sobre un sabio que llamaban El "Sin Nombre", que vivía en Sulaymáníyyih. Músá y 'Abdu'l-Bahá intuyeron el nombre verdadero de El "Sin Nombre" y mandaron a dos amigos a buscarlo.

A medida que pasaban los días y la familia esperaba noticias, la esperanza se acrecentaba en sus corazones; sentían que la llegada de Bahá'u'lláh se acercaba. Navváb le hizo un abrigo de una fina tela de color rojo, llamada tirmih que había logrado salvar de su dote.

Bahá'u'lláh viajó de retorno lentamente. Él dijo que "los últimos días de paz y tranquilidad" que le quedaban se le estaban acabando. Pero si no volvía, "toda la sangre sagrada derramada en el camino de Dios" por el Báb y sus seguidores "habría sido derramada en vano."

Demasiado pronto para su corazón pesado, arribó a Bagdad.

"¡Por fin! Por fin!" recordó Bahiyyíh Khánum. "Mi madre, mi hermano y yo estábamos sentados en un estado anhelante de expectación, cuando escuchamos los pasos. Eran de un derviche. Pero tras el disfraz vimos la luz de la presencia de Nuestro Amado! ¡No hay palabras que puedan describir nuestra alegría cuando lo abrazamos! Aun puedo ver a mi madre calmada y gentil, y a mi hermano apretando la mano de su padre como si no lo fuese a dejar nunca que se apartara de su vista, mientras el adorable niño se perdía entre la tela sucia del disfraz de derviche . . . ."

Lloramos por Tí, oh Más Grande Misterio

🖋 BAHÁ'U'LLÁH REGRESÓ JUSTO a tiempo para su sufrida familia, y justo a tiempo para los Bábís quienes se encontraban en un terrible estado. Por lo menos veinticinco habían declarado ser El anunciado por el Báb. Estaban divididos en facciones insignificantes. Bahá'u'lláh se entristeció tanto que le costaba mucho salir de su casa.

Pero la luz que llevaba dentro de Él había crecido. Poco a poco su poder, la dulzura de su amor y la sabiduría penetrante de las enseñanzas de sus primeros libros – Las Palabras Ocultas, Los Siete Valles, y El libro de la Certeza – transformaron a los Bábís. Se hicieron más conscientes de Dios que de ellos mismos. Nabíl, recordando esos días, escribió como los Bábís se pasaban noches enteras rezando, recitando poesías, cantando, compartiendo sueños y visiones, haciendo ayunos y vigilias sinceros. Los Bábís rodeaban a Bahá'u'lláh, felices de estar en su presencia y dispuestos a servirle. Se desprendían tanto de sus posesiones materiales para ofrecérselas a Bahá'u'lláh que nunca se sabía de quien eran los zapatos con que andaba, ni el abrigo que estaba sobre sus hombros. "¡Oh! La alegría de esos días!" Recordaba nostálgicamente Nabíl. "¡Y la dicha y maravilla de esas horas!"

Un torrente de peregrinos iba constantemente a ver a Bahá'u'lláh, muchos provenientes de las montañas de Kurdistán y una gran cantidad de ellos se convirtieron en sus discípulos. Su aceptación tan repentina, hizo que el cónsul general de la Gran Bretaña lo visitara y le ofreciera la ciudadanía británica y asilo en la India o cualquier otro lugar. Bahá'u'lláh ya había recibido una oferta de asilo por parte del cónsul ruso en Irán pero también la había rechazado. Bahá'u'lláh sabía cual era Su destino, y sabía que era donde no había ni comodidad ni ningún amparo salvo Dios.

Bahá'u'lláh no solo se limito a enseñar a las personas que lo visitaban, sino que también salía a las mezquitas y los cafés para hablar con las personas ahí. Pero la gente adoraba ir a Su casa.

Él los recibía en un pequeño cuarto dilapidado de lodo y paja con un techo bajo que tenia un diminuto jardín afuera. Él se sentaba sobre el único sillón que estaba hecho de palma. Un invitado, un príncipe iraní dijo gustarle tanto el lugar que planeaba construir una réplica en su mansión.

Bahá'u'lláh sonrió y dijo que el príncipe podía hacer una copia física del lugar pero "Acaso poseía la habilidad de abrir a ella las puertas espirituales que conducen a los mundos ocultos de Dios?"

Por supuesto que la reverencia con que los Bábís, los peregrinos y los habitantes del lugar trataban a Bahá'u'lláh sirvió para reanimar la hostilidad. Los líderes políticos y religiosos empezaron a calumniar en su contra, provocando enemistad.

Un oficial hasta le pagó a un pistolero para que matara a Bahá'u'lláh. El hombre lo intentó en dos ocasiones; una vez en un baño público, donde, cuando se encontraba cara a cara con Bahá'u'lláh le falló el valor, y luego, una segunda vez en la calle, donde fue tal su terror que dejó caer su pistola. Bahá'u'lláh le dijo a uno de sus acompañantes que le diera el arma al hombre y que lo guiara a su casa ya que éste estaba demasiado perturbado para encontrar su camino.

También mandaban a personas para que lo insultaran públicamente, pues sus enemigos esperaban que los Bábís responderían con agresiones que les daría una excusa para exiliar a Bahá'u'lláh nuevamente. Pero Bahá'u'lláh respondió hablándoles a los agresores antes de que ellos le hablaran a Él, bromeando en cuanto a sus intenciones hasta que les era imposible a ellos hacer nada.

Finalmente un grupo de teólogos le exigió a Bahá'u'lláh que realizara un milagro. Él les dijo que no era apropiado pedir algo así pero que Él realizaría un milagro, el que ellos acordaran, y después, ellos tenían que "reconocer la verdad" de Su Causa. Los teólogos no pudieron ponerse de acuerdo sobre el milagro que querían solicitar y dejaron pasar el asunto.

A pesar de sus triunfos espirituales, Bahá'u'lláh parecía estar triste al comienzo de la primavera de 1863. Él les contó a algunos amigos sobre un sueño que había tenido.

"Vi que los Profetas y los Mensajeros se reunían y se sentaban a mi alrededor, quejándose, llorando y lamentándose en voz alta. Asombrado les pregunté el motivo, con lo que sus lamentaciones y llanto aumentaron y me dijeron: '¡Lloramos por Tí, oh más Grande Misterio, oh Tabernáculo de Inmortalidad!' Lloraron con tal llanto, que yo también lloré con ellos. Entonces el Concurso en lo alto se dirigió a mí, diciendo: '…Pronto verás con tus propios ojos lo que ningún otro Profeta ha

visto...Ten paciencia, ten paciencia'...
Siguieron dirigiéndose a mí durante toda la noche, hasta que se acercó el amanecer."

Lágrimas Como la Lluvia de Primavera

🖎 POCO TIEMPO DESPUÉS de esto, los enemigos de Bahá'u'lláh tuvieron éxito y pudieron enviarlo de nuevo al exilio. Por orden del sultán de Turquía, ahora Bahá'u'lláh tenía que ir a la ciudad de Constantinopla (hoy llamado Estambul.) El gobierno le ofreció una suma de dinero a Bahá'u'lláh para su viaje pero éste lo rehusó.

Finalmente por insistencia de las autoridades lo aceptó, pero luego lo distribuyó entre los pobres.

Antes de partir, el 22 de abril de 1863, Bahá'u'lláh cruzó el río Tigris en un ferry hasta un jardín de una isla al cual llamó el jardín de Ridván, o Paraíso.

Ahí se declaró abiertamente como El Prometido por el Báb y el predicho por todos los profetas de las religiones pasadas. Sus discípulos sabían de antemano del sorprendente anuncio que iba a hacer. La fuerza y la cantidad de sus escritos, la exaltación de su presencia tanto en la tristeza como en la alegría, el cambio de su comportamiento y el vestir un tocado alto de felpa llamado taj, el día que entró al jardín, todo esto era indicativo para los corazones sensibles que ya se habían reverenciado ante Él.

Desafortunadamente no sabemos con exactitud qué fue lo que dijo en ese jardín, ni precisamente quienes estaban presentes, pero Nabíl describió a Bahá'u'lláh caminando a medianoche por veredas revestidas con rosas mientras los ruiseñores cantaban bulliciosamente. Bahá'u'lláh alabó el insomne amor del ruiseñor por las rosas y dijo: "¿Cómo pueden dormir los que dicen estar encendidos por la belleza rosácea del Bien Amado?"

Bahá'u'lláh pasó doce días en el jardín recibiendo a la gente proveniente del otro lado del río y que le venía a rendir tributo. Él declaró su estancia en ese jardín como el "Rey de los Festivales", el "Más Grande Festival", y el "Festival de Dios."

Entonces dejó los ruiseñores y las rosas y volvió a la ciudad. Partió de Bagdad a su exilio sobre un corcel roano rojo. Las multitudes que lamentaban su partida vinieron a despedirse. Algunos intentaron besarle los pies que estaban en los estribos, y al no poder hacerlo, algunos se arrojaron al suelo para besar los cascos del corcel. Los dolientes representaban a todas las clases sociales, pues la dulzura de la presencia de Bahá'u'lláh había conquistado innumerables corazones. De su partida de Bagdad Bahá'u'lláh dijo: "Lágrimas como la lluvia de primavera están corriendo, y yo parto . . ."

Mil Garras de Envidia

🌿 EL VIAJE DE BAHÁ'U'LLÁH de Bagdad a Constantinopla era una procesión majestuosa. Su familia y compañeros viajaban a través de campos floridos con los colores brillantes de las flores silvestres de mayo. Mientras viajaban, venían a recibirlos reverente y jovialmente pueblos enteros.

Uno de los miembros de su séquito se acuerda, por ejemplo, de la recepción que recibieron por parte de la gente del pueblo de Márdin: "Nos precedía una escolta montada de soldados del gobierno que llevaba banderas y tocaba tambores en señal de bienvenida.

El mutisarrif (gobernador) junto con oficiales y personas importantes nos acompañaban mientras hombres, niños y mujeres, subían y abarrotaban los techos de las casas y llenaban las calles esperando nuestra llegada. Con dignidad y pompa atravesamos el pueblo y proseguimos nuestro camino acompañados por el mutisarrif y la escolta militar durante una distancia considerable."

Bahá'u'lláh mostraba hospitalidad y generosidad al viajar, y así, aunque fuese una ruta concurrida por hombres de poder y autoridad, las personas que vivían en sus orillas observaron que nunca habían visto a nadie viajar en esa forma, dándole a todos y a cada uno tan abiertamente. Aun así, cuando Bahá'u'lláh, viajando en howdah vio el Mar Negro, presagió que se avecinaban horribles aflicciones.

La parte final del viaje fue en barco. En agosto de 1863 Él desembarcó del barco turco en el puerto de Constantinopla y fue llevado en carroza a una mansión elegante.

A pesar de la mansión y del tratamiento de rey, Bahá'u'lláh dijo que Constantinopla era donde "el trono de la tiranía" se había establecido. Fue desde Constantinopla desde donde por primera vez le dirigió Su mensaje a un rey. Le envió una tabla al Sultán pero ese texto ya no existe. Sin duda era fuertemente condenatorio pues, se la dirigió también al primer ministro turco quien, cuando leyó la carta, se puso "del color de un cadáver" y otro oficial reportó: "es como si el Rey de Reyes le estuviese dando un mandato al más humilde de sus vasallos..." Y, refiriéndose al poder y propósito de Dios, Bahá'u'lláh se dirigió así al embajador de Irán: "Su Causa trasciende a todos y cada uno de los planes que ideáis. Sabed esto: Si todos los gobiernos de la tierra se uniesen y tomasen mi vida y la vida de todos los que llevan este Nombre, este Fuego Divino jamás sería apagado."

El Sultán se hizo el sordo a las exhortaciones de Bahá'u'lláh y emitió un edicto para exiliarlo una vez más.

Todo fue tal como Bahá'u'lláh lo había predicho meses antes en Bagdad y tal como lo indicó en muchos versos y pasajes tales como éste, de Los Siete Valles:

"Y si un ruiseñor se remontara desde la arcilla del yo y habitara en el rosedal del corazón, y con melodías árabes y dulces canciones iraníes relatara los misterios de Dios. ...verás mil garras de envidia y miríadas de picos de rencor dándole caza y, con toda su fuerza, empeñados en su muerte."

Veneno

EN DICIEMBRE DE 1863, Bahá'u'lláh fue enviado a Adrianópolis (hoy Edirne) cerca de la frontera búlgara. El viaje, de casi dos semanas fue otra marcha forzada en un frígido invierno. Unos viajaban en mula y otros en carretas. No llevaban ropa abrigadora. Al acampar tenían que hacer fogatas durante horas junto a los manantiales para poder derretir suficiente hielo y poder tomar agua. Entonces, en Adrianópolis, en el frío invierno, Bahá'u'lláh y su familia fueron alojados en una cabaña de veraneo.

Para ese entonces, 'Abdu'l-Bahá tenía diecinueve años y se había convertido en el escudo y ayudante de su padre. El bebé que habían dejado en Tihrán, Mihdí, había crecido y era un joven de trece años que se había reunido con ellos. Él y su hermana Bahiyyíh eran devotos de su padre. Con respecto a Navváb, Bahá'u'lláh dijo que Su alma y la de ella estarían unidas para toda la eternidad: ella era su "compañera perpetua en todos los mundos de Dios."

En Adrianópolis la lealtad y fuerza de su familia le debió de haber sabido más dulce que nunca a Bahá'u'lláh, pues fue en ese lugar que la envidia incurable de su hermano Azal lo llevó a tratar de matarlo. Primero le pidió a otro hombre que lo hiciera, pero éste se puso tan furioso con la idea que casi mató a Azal. La única razón por la que no lo mató, fue porque sabia que le iba a desagradar a Bahá'u'lláh. Entonces Azal envenenó el pozo de agua de donde bebía la familia de Bahá'u'lláh y todos en la familia se enfermaron con síntomas extraños.

Pero Azal invitó a Bahá'u'lláh a tomar el té y le envenenó la taza con un veneno que él mismo había preparado y casi lo logró. Bahá'u'lláh estuvo enfermo durante un mes con dolores severos y fiebres muy altas. Viendo su palidez, el doctor pronunció que el caso no tenia esperanza, y no le recetó ningun remedio, hizo una gran reverencía ante Él y se fue del lugar. Unos días más tarde el doctor se enfermó, y Bahá'u'lláh envió a un amigo para que lo visitara. El doctor le dijo al amigo, que Dios le había contestado sus plegarias.

Poco después el doctor murió y Bahá'u'lláh se recuperó. Bahá'u'lláh dijo después que ese doctor había dado su vida por Él.

Debido al veneno, Bahá'u'lláh quien ya estaba marcado por las cadenas y otras torturas, sufrió temblores por el resto de Su vida. Esto se manifestó en sus manuscritos: su hermosa caligrafía había sido arruinada.

Las acciones de Azal hicieron sufrir enormemente a Bahá'u'lláh, quien dijo: "Él, a quien crié por meses y años con amorosa bondad, se ha levantado para quitarme la vida." Debido a las acciones de Azal y de otros como él, Bahá'u'lláh escribió cuando apenas tenía cuarenta años: "Las crueldades con las que me afligieron mis opresores han hecho que se me haya encorvado la espalda y se me haya emblanquecido el cabello . . . "

Sin embargo, toda descripción física de Bahá'u'lláh, incluyendo cuando estaba en edad avanzada, indica que su pelo largo y su barba eran de color negro pues según la costumbre persa Él se teñía el pelo. La única foto existente de Él que le fue tomada en Adrianópolis muestra un rostro delimitado de pelo negro y prominentes cejas rectas. Su cara esta marcada con profundas líneas de dolor y su frente noble y ojos oscuros irradian majestad y amor penetrante.

¿Puede Uno Fijar la Mirada en el Sol?

A SUS DISCÍPULOS les resultaba difícil mirar a Bahá'u'lláh directamente a los ojos. Uno de ellos dijo:

"Sabed con certeza que si cualquiera, ya sea amigo o enemigo, clama haberle mirado directamente a los ojos, es un mentiroso. Yo mismo lo intenté una y otra vez, pero mis intentos de mirarle a los ojos fueron en vano ... ¿Acaso puede uno fijar la mirada en el sol?"

Otro decidió que deseaba cuando menos verificar de que color era el taj que Bahá'u'lláh llevaba sobre su cabeza, pero cada vez que entraba en su presencia se le olvidaba su resolución. Finalmente, un día pudo observar que el taj era verde pero solo porque Bahá'u'lláh estaba rodeado de gente y era la única parte de su persona que el discípulo podía ver.

Bahá'u'lláh vivió en Adrianópolis entre 1863 y 1868. Ya no salía con tanta frecuencia para estar entre la gente, pero recibía a los peregrinos en Su casa. Gran parte de Su tiempo lo ocupaba dictando y escribiendo Sus enseñanzas. Su revelación fluía tan abundantemente que no había nadie capaz de transcribir los miles de versos que cantaba cada hora. Mucho se perdió.

Desde Adrianópolis, Bahá'u'lláh envió una de sus tablas más importantes, una carta a los líderes de oriente y occidente llamada Tabla para los Reyes. Fue recibida por el Sultán de Turquía, el Sháh de Irán, sus ministros, los embajadores de Francia e Irán ante el Imperio Otomano, los monarcas europeos, incluyendo a Napoleón III y los líderes islámicos en Constantinopla.

En ella, Bahá'u'lláh ordena a los reyes dejar sus armas, cuidar a los pobres, hacer un tratado de paz mundial y aceptar Su Causa, o sufrir el castigo de Dios. Los monarcas lo ignoraron. Sus imperios ya no existen. Bahá'u'lláh había predicho sus caídas, las guerras que resultarían de su avaricia y la unidad de la humanidad que resultaría en paz, a pesar de ellos.

Las autoridades estaban enfurecidas por la naturaleza regia del tono de Sus palabras y Su majestuosa actitud. Su majestuosidad era inquebrantable e incontrovertible porque provenía de su iluminación interna y no tenía nada de pretenciosa. La mayoría de la gente le mostraba una devoción incuestionable. Su efecto sobre la gente del pueblo era innegable.

Años después de su muerte y aproximadamente medio siglo después de su partida de Adrianópolis, dos viajeros Bahá'ís, Martha Root de los Estados Unidos y Marion Jack de Canadá, fueron al lugar en busca de huellas de Él. Fueron a buscar las casas donde había vivido y a personas que se acordaran de Él. Encontraron a un anciano sentado en la puerta de su casa que dijo que cuando era niño le llevaba yogurt a la casa de Bahá'u'lláh. Dijo que Bahá'u'lláh siempre le regalaba pilau (arroz con carne, pasas y especias) para que se lo llevara a su casa. Dijo que Bahá'u'lláh tenía una cocina especial para los pobres y tenía un jardín grande con un viñedo del cual le encantaba regalar uvas. Entonces el hombre se paró y trató de demostrarle a las señoras como caminaba Bahá'u'lláh "con dignidad y poder."

Si tal fue el efecto que Bahá'u'lláh causó en el corazón de un niño, uno se puede imaginar como le afectaba a los bábís. A medida que su bondad y majestuosidad se hacía más y más aparente, los bábís comenzaron a conocerse como la gente de Bahá – Bahá'ís. Ellos empezaron también a saludarse con un saludo derivado de Su nombre. "Alláh'u'Abhá" (Dios es El más Glorioso), en vez del saludo Islámico acostumbrado "Alláh'u'Akbar" (Dios es El mas Grande).

La fuerza de los Bahá'ís, el poder manifiesto de Bahá'u'lláh y las perniciosas actividades de Azal se combinaron para antagonizar a las inseguras figuras políticas y religiosas del lugar, cuyas precarias posiciones podían desaparecer en un instante por el capricho de un alto oficial o un azar del destino. Ellos decidieron que Bahá'u'lláh tenía que ser desterrado a un lugar donde fuera seguro que muriera y que muriera rápidamente.

Hastiado de las agitaciones de Azal, el Sultán lo exilió a la isla de Chipre a un final ignominioso. Y ordenó que Bahá'u'lláh fuera enviado a una ciudad prisión llamada 'Akká, conocida como "La Bastilla del Oriente" turca.

Sin saberlo, el Sultán estaba enviando a Bahá'u'lláh a cumplir una profecía antigua, a la bíblica montaña de Dios, el Monte Carmelo, en lo que hoy se conoce como Israel. Pero no había gloria aparente en ese exilio final.

Banderas de Luz

EL ANGUSTIOSO VIAJE comenzó cuando la casa de Bahá'u'lláh fue rodeada sorpresivamente por soldados y le cortaron el suministro de alimento. Hasta ese momento, las autoridades aún no habían revelado el destino final del próximo exilio de Bahá'u'lláh y su familia.

Poco tiempo después, en agosto de 1868 todos fueron llevados del lugar bajo escolta militar. Llegaron los vecinos al lugar, según cuenta el relato de un testigo, "con gran tristeza y lamento a besarle las manos y el borde de Su manto." Musulmanes, judíos, y cristianos, por igual, lloraron con los bahá'ís.

La primera etapa del viaje fue hasta Galípoli (Gelibolu), un puerto en el Mar Egeo. En su carruaje Bahá'u'lláh dijo que "se despedía de ese país habiendo dejando depositado bajo cada piedra y tras de cada árbol un tesoro que Dios pronto revelaría con el poder de la verdad." En Galípoli le dijo al capitán turco que lo había escoltado, que le dijera al Sultán: "Este territorio se le saldrá de las manos y sus asuntos se sumergirán en la confusión."

Bahá'u'lláh y su familia pasaron tres noches en el puerto.

La familia no sabía hacia donde se dirigían. No sabían ni siquiera si Bahá'u'lláh podría seguir con ellos, pues la idea original de este exilio era enviar a Bahá'u'lláh y a algunos compañeros a 'Akká y al resto de ellos a Constantinopla. Sin embargo, Bahá'u'lláh no se sometió a esa orden.

Finalmente, con su familia y un grupo de seguidores, un grupo de aproximadamente setenta personas, Bahá'u'lláh se embarcó con destino a 'Akká. A pesar de lo que sufrió en el "Foso Negro", Bahá'u'lláh llamó a 'Akká la "Más Grande Prisión." Antes de zarpar, le advirtió a sus seguidores sobre lo que les deparaba el futuro en ese lugar y les dijo que quien no se sintiera preparado para enfrentar el futuro, que se fuera por cualquier camino que le placiera, pues tras zarpar no tendría cómo huir. Todos decidieron quedarse con Él. Lamentablemente el grupo incluía a dos almas desleales quienes de manera constante, crearon confusión y finalmente, desastre.

Tras un viaje de veinte días por el Mar Mediterráneo, los exiliados tomaron un barco sucio y sofocante desde Puerto Said en Egipto hasta 'Akká, la colonia penal de diez mil reos que incluía todo tipo de asesinos y ladrones. Era una ciudad de cuatro mil años rodeada de una impenetrable muralla que se levantaba sobre un mar yermo. Una vez había sido una ciudad que había florecido bajo los gobiernos persa y griego, pero ahora era conocida como la ciudad más fea y desolada, con el agua mas repugnante, el aire mas pestilente y el peor clima. Estaba infestada de ratas y pulgas y constantemente brotaban epidemias. Se decía que si un pájaro trataba de volar sobre la ciudad, caería muerto.

Una multitud en el muelle le gritaban insultos al "Dios de los Persas." Débiles y enfermos, los bahá'ís fueron llevados entonces al cuartel del ejército y los encerraron en dos cuartos oscuros y húmedos donde el agua que había para tomar era salobre y lo único para comer eran unas pocas hogazas de pan duro y salado. Pero Bahá'u'lláh comentó sobre su llegada que "Fuimos recibidos con banderas de luz, por lo que la voz del Espíritu lanzó el grito '¡Pronto todos los que habitan en la tierra serán enlistados bajo estas banderas!'"

Metrópolis del Búho

EN EL ISLAM EXISTEN profecías sobre la ciudad de 'Akká, entre ellas: "Bendito es aquel quien ha visitado 'Akká y bendito aquel quien ha visitado al visitante de 'Akká" y "Todos ellos (los compañeros del Báb) serán sacrificados salvo uno que llegará a los campos de 'Akká, el salón de banquetes de Dios."

Lo del banquete era simbólico. En las barracas, ante la ausencia de agua limpia y comida, los exiliados caían terriblemente enfermos, y algunos murieron. Bahá'u'lláh se entristecía mucho al ver su sufrimiento y también se lamentaba cuando llegaban los peregrinos que lo venían a ver, que habian llegado caminando a través de las montañas desde Irán e Irak, y les era negada la entrada para verlo.

Los peregrinos se reunían sobre la planicie de 'Akká y fijaban su mirada en la ventana del cuarto donde Bahá'u'lláh estaba detenido. Cuando finalmente podían vislumbrar su cara o el saludo de su mano se sentían muy felices y emprendían todo el viaje de retorno a pie para informarle a los demás que Bahá'u'lláh seguía con vida.

Bahá'u'lláh lloró por un peregrino, un anciano que se estaba quedando ciego y que no lo podía ver. Pero el hombre se retiró pacientemente a una cueva en el monte Carmelo considerándose dichoso de estar ahí, tan cerca de Bahá'u'lláh.

Gradualmente, 'Abdu'l-Bahá se las arregló para conseguir que les dieran ciertas mejorías en los suministros de agua y comida para los prisioneros. Él mismo cuidaba a los enfermos. Años después, mientras enseñaba la causa de su padre en los Estados Unidos en 1912, comentó que en ese cuartel durante las epidemias de paludismo, tifoidea y disentería, él solía hacer caldos para sus pacientes. Dijo, riéndose, que había tenido mucha experiencia y que hacia muy buenos caldos.

Dijo que Bahá'u'lláh exhortaba a los prisioneros a que todas las noches, se contaran historias divertidas entre ellos, a pesar de que era difícil pensar en cualquier cosa en esa ciudad tortuosamente encerrada, que Bahá'u'lláh llamaba la "metrópolis del búho" poblada por "la generación de víboras." Cada uno contaba los sucesos más ridículos que les había sucedido ese día y entonces se reían hasta que las lágrimas le rodaban por las mejillas.

'Abdu'l-Bahá recuerda un comentario melancólico que hizo Bahá'u'lláh cuando entraron a las barracas por primera vez. Dijo haber deseado que alguno de los prisioneros supiera cantar o que tocara la flauta o el arpa porque eso les encantaría a todos. Ciertamente una música bella hubiera aligerado la carga en el corazón que lloraba por los sacrificios y el dolor de aquellos que eran devotos de Él. Tal vez, el sacrificio más difícil de aceptar para Él, fue el sacrificio supremo de Su hijo Mihdí.

Que Todos los Habitantes de la Tierra se Unan

 EL JOVEN MIHDÍ acostumbraba subirse al techo de las barracas para rezar. Un día, durante el crepúsculo, mientras estaba absorto en sus oraciones, se rompió un tragaluz y cayó sobre unas cajas de madera que le perforó las costillas. Menos de un día después, el 23 de junio de 1870, el joven había muerto, después de pedirle a su Padre que aceptara su vida en prenda para redimir a los peregrinos para que pudieran ser admitidos a Su presencia.

Bahá'u'lláh nombró a Mihdí "La Confianza de Dios y Su Tesoro en esta tierra" y rezó: "Te he ofrecido, Señor, aquello que Tú me has dado, para que todos Tus siervos sean vivificados y para que todos los habitantes de la tierra se unan."

Cuatro meses más tarde Bahá'u'lláh y sus compañeros fueron llevados de las barracas y puestos bajo arresto domiciliario en la ciudad. Las condiciones apenas eran humanas y los cambiaban sin compasión de una casa miserable a otra, pero ahora los peregrinos que habían venido para verlo podían llegar hasta Su presencia. Y después de unos meses, los guardias de Bahá'u'lláh fueron retirados y lo estricto del encierro mitigó.

Entonces, sucedió que siete hombres asesinaron a los dos enemigos que desafortunadamente habían sido incluidos entre los exilados. Estos enemigos habían empezado a incitar a los habitantes de 'Akká en contra de Bahá'u'lláh y los siete hombres debieron de haber creído que estaban ejerciendo justicia, pero fue un acto que iba completamente en contra de las enseñanzas bahá'ís. Bahá'u'lláh escribió "Mi cautiverio no me puede dañar. Lo que me puede hacer daño es la conducta de aquellos que me aman, los que dicen relacionarse conmigo y así cometen actos que hacen lamentar a Mi corazón y a Mi pluma."

Las persecuciones comenzaron de nuevo.

Veinticinco Bahá'ís, entre ellos 'Abdu'l-Bahá fueron encarcelados nuevamente. Bahá'u'lláh fue llamado a comparecer ante el gobernador y sus hombres.

Más Manifiesto que el Sol

🖋 LA INTERROGACIÓN no transcurrió como los interrogadores esperaban. Cuando le pidieron a Bahá'u'lláh que les proporcionara su nombre y su lugar de procedencia éste respondió: "Es más manifiesto que el sol."

Entonces le preguntaron otra vez y respondió:

"No considero apropiado mencionarlo. Refiérase nuevamente al farmán (decreto) del gobierno que tiene en sus manos."

Volvieron a hacerle la pregunta; esta vez mostrando humildad, a lo que Bahá'u'lláh respondió "Mi nombre es Bahá'u'lláh (la luz de Dios) y mi país de procedencia es Núr (luz) Sean informados de ello." Entonces se dirigió a ellos con las palabras de su Tabla para los Reyes y salió del cuarto.

Poco tiempo después, el gobernador le escribió a Bahá'u'lláh pidiéndole disculpas. Pero las persecuciones aumentaron. Los niños bahá'ís fueron perseguidos, insultados y apedreados en las calles. El vecino de Bahá'u'lláh aumentó al doble el grosor de sus paredes para protegerse de tener contacto con tal hereje.

Pero la sabiduría divina le había ordenado a Bahá'u'lláh y a sus seguidores una resistencia sobrehumana. Bahá'u'lláh escribió: "La Antigua Belleza ha consentido ser encadenado para que la humanidad pueda liberarse de sus ataduras, y ha consentido ser hecho prisionero . . . para que el mundo entero pueda alcanzar la verdadera libertad. Él ha bebido hasta los pozos la copa del dolor que todos los pueblos de la tierra puedan llegar a tener alegría perdurable. . ."

Iluminado con el sentido de su misión, Bahá'u'lláh volvió a dirigirse una vez más a los líderes del mundo. Esta vez les escribió a cada uno individualmente. Las cartas fueron recibidas, leídas y rechazadas por la Reina Victoria y miembros del parlamento inglés, los presidentes de las Repúblicas Americanas, el Zar Alejandro II, el Káiser Wilhelm I, Alí Pasha, el Gran Visir del Sultán de Turquía, el Emperador Franz-Joseph, Napoleón III y el Papa Pío IX.

Bahá'u'lláh le ordenó a cada uno de estos personajes que compartieran sus riquezas.

Le aconsejó al Papa que vendiera los bellos adornos que poseía y que "los gastara en el camino de Dios" siguiendo así los verdaderos pasos de Cristo.

Le advirtió al Káiser sobre una catástrofe inminente con estas palabras: "Oímos las lamentaciones de Berlín aunque hoy esté en conspicua gloria"; y a Napoleón III le dijo que su imperio "caería en confusión" y "pasará de sus manos." En Su mensaje para Alí Pasha predijo su caída y la del Sultán 'Abdu'l-'Azíz, y le dijo que si estuviera despierto espiritualmente, decidiría abandonar su riqueza y "escogería habitar en uno de los cuartos dilapidados de esta Más Grande Prisión."

Le ordenó a los presidentes americanos: "Al quebrantado, vendadlo con las manos de la justicia y al opresor aplastadlo con la vara de los mandamientos de vuestro Señor, el Ordenador, el Omnisciente."

En todos su mensajes se declaró inequívocamente como el Padre, el Amigo Incomparable, la Antigua Belleza, el Consolador, la Fuente de la revelación de Dios – en síntesis, el cumplimiento de las profecías de todas las religiones del mundo, el espíritu de una nueva era.

"Hemos hablado en el lenguaje del que da las leyes" dijo, "del buscador de la verdad y del místico. . . ." En cada una de sus enseñanzas y consejos, enaltecía la importancia de la unidad, unidad de la religión, de la tierra, de la gente.

Su propósito era la paz.

No reclamaba ningún poder personal. Le escribió al Sháh Násiri'd-Din, "Esto no procede de mi, sino de Aquél quien es Todo Poderoso, Omnisciente . . . Él me ordenó levantar mi voz entre la tierra y el cielo y por ello me ha acontecido aquello que ha hecho correr las lagrimas de cada hombre de entendimiento. . . ."

Y así, a pesar de sus tristezas, su canto de vida – la melodía del amor del Ruiseñor por la Rosa – siguió sin disminuir y a medida que seguía cantando, las condiciones en 'Akká empezaron a cambiar.

Una Puerta de Esperanza

UN GRAN CAMBIO se dio tras el nombramiento de un nuevo gobernador. Poco tiempo después de su llegada a 'Akká, el nuevo gobernador leyó literatura bahá'í que había recibido de personas que querían perjudicar a Bahá'u'lláh. Sin embargo al gobernador le gustó lo que leyó. Envió a su propio hijo con 'Abdu'l-Bahá para que le diera instrucción religiosa y nunca estuvo en la presencia de Bahá'u'lláh sin antes haberse quitado los zapatos en señal de respeto.

Finalmente el gobernador le preguntó a Bahá'u'lláh si podía servirle en algo.

Bahá'u'lláh le respondió al gobernador que restaurara el viejo acueducto para que las personas de 'Akká pudieran recibir agua fresca de los manantiales de Kabri. Ese sistema de acueductos había sido construido en 1815 pero no había funcionado durante años y era la razón del hedor de la ciudad. El gobernador restauró el acueducto y las condiciones de salud pública en la ciudad mejoraron drásticamente. Las personas le atribuyeron el cambio a Bahá'u'lláh a quien empezaron a referirse como "Su Alteza."

Bahá'u'lláh raras veces otorgaba audiencias personales pero las personas se enamoraban más y más de Él y varias celebridades se unieron a las filas de los peregrinos. El gobernador trajo a un general europeo para que lo viera y cuando estuvo en el dintel de la puerta, el general se postró de rodillas en el suelo y se negó a levantarse mientras Bahá'u'lláh estuvo presente.

Fue como la profecía del antiguo testamento: "Y le daré . . . el valle de Achor como puerta de esperanza; y cantará ahí como en los días de su juventud . . ."

Ahora se aproximaba la hora de abrir la puerta de la esperanza. Bahá'u'lláh, hijo de la provincia de Núr, con sus prados silvestres en las cordilleras, sus picos nevados, había vivido durante nueve años entre las paredes de 'Akká sin ver un campo verde, ni un árbol florido. Su único ejercicio había sido caminar de un lado de su habitación al otro. 'Abdu'l-Bahá intuía que era tiempo que se liberara.

Sonidos, Silencios, Brisas Fragantes

🖋 UN DIA, 'ABDU'L-BAHÁ escuchó que su padre había comentado; "No he contemplado verdor en nueve años. El campo es el mundo del alma y la ciudad es el mundo de los cuerpos." 'Abdu'l-Bahá supo entonces que cualquier paso que diera para liberar a su padre sería exitoso.

Conocía a un hombre en 'Akká quien tenía una casa pequeña pero elegante, un palacio veraniego llamado Mazra'ih. La casa estaba a unos seis kilómetros de la ciudad, construida al lado de un arroyo y rodeada de jardines. Pero su dueño la tenía descuidada. Se la alquiló a 'Abdu'l-Bahá por un precio muy accesible. 'Abdu'l-Bahá contrató a unos obreros para que restauraran la casa y sus jardines y para que le instalaran un baño. También preparó un carruaje.

Un día 'Abdu'l-Bahá decidió salir de 'Akká e ir a ver como progresaba el trabajo en la casa. Luego relató que: "Aunque se nos había advertido repetidas veces que por ningún motivo saliéramos de la ciudad, salí por la puerta principal y los gendarmes que estaban de guardia no trataron de detenerme, así es que me fui directo al palacio. Al día siguiente volví a salir, esta vez con algunos amigos y oficiales, sin ser molestado ni objetado a pesar de que los guardias y centinelas se encontraban a ambos lados de las puertas de la ciudad. Otro día organicé un banquete, puse una mesa bajo unos pinos... y reuní alrededor de él a las personas importantes y los oficiales de la ciudad. Al anochecer volvimos todos juntos a la ciudad."

Al día siguiente 'Abdu'l-Bahá fue donde su padre y dijo, "El palacio de Mazra'ih está a tu disposición así como un carruaje para llevarte." Pero Bahá'u'lláh no quiso ir diciendo, "Soy un prisionero." 'Abdu'l-Bahá le preguntó por segunda y tercera vez, pero su respuesta fue la misma. Finalmente 'Abdu'l-Bahá le dio instrucciones a un ciudadano importante de 'Akká, un árabe que amaba y admiraba a Bahá'u'lláh, de que le rogara a Bahá'u'lláh de rodillas, que lo tomara de la mano y que le siguiera insistiendo que fuera al palacio de Mazra'ih hasta que consintiera ir.

Le tomó una hora. Bahá'u'lláh repetía que era prisionero y cada vez el emisario de 'Abdu'l-Bahá le reiteraba que era prisionero solo por su propia voluntad y poder pero que ya era hora de que se liberara.

Finalmente Bahá'u'lláh dijo *"Khaylí khub"* (muy bien).

Al día siguiente, a principios de junio de 1877 'Abdu'l-Bahá y su padre viajaron en carroza hasta Mazra'ih. 'Abdu'l-Bahá retornó a la ciudad pero Bahá'u'lláh se quedó en el campo rodeado de sonidos, silencios y brisas fragantes, habitando un cuarto ventilado y lleno de luz en la parte superior de una torre.

'Abdu'l-Bahá también le hizo un jardín especial a su padre en una diminuta isla en el pequeño río Na'mayn.

Na'mayn significa "Dos veces si" en Árabe. Hay una tradición islámica que dice que en el Ultimo Día cuando se levante la Llamada Divina "¿Acaso no soy tu Señor?" se escuchará "si" dos veces como respuesta.

El jardín, llamado "Ridván," como la isla donde Bahá'u'lláh inauguró el Rey de los Festivales antes de salir de Bagdad en 1863, pronto se llenó de flores y árboles frutales provenientes de las semillas y pequeñas plantas transportadas por tierra y mar por los peregrinos quienes pasaban sed en su viaje por sacrificar el agua que tenían, dándosela a las plantas en vez de tomársela. El jardín tenía la sombra de dos grandes y frondosas moreras, entre sus senderos paseaban pavos reales y había fuentes que deleitaban con su sonido.

A Bahá'u'lláh le encantaba organizar días de campo en ese jardín con sus nietos como invitados de honor y muchas veces se retiraba a una pequeña casa rústica que tenía ahi. Luego de un alegre evento en ese jardín Bahá'u'lláh expresó su alegría "Cada árbol ha pronunciado una palabra y cada hoja una melodía. Los árboles proclamaron: 'Contemplad las evidencias de la Misericordia del Señor,' y los arroyos gemelos recitaban en lengua elocuente los versos sagrados, 'De nosotros todas las cosas fueron hechas vivas . . . .'"

Luego de vivir dos años en Mazra'ih, 'Abdu'l-Bahá supo que, debido a una plaga, una mansión cercana más grande se había desocupado. Sería un lugar que podía acomodar mejor a Bahá'u'lláh, su familia y a todos los peregrinos. También era más formal y hermosa. 'Abdu'l-Bahá la obtuvo en alquiler por una pequeña suma. Se llamaba Bahjí y hoy es el lugar más sagrado del mundo bahá'í pues ahí esta la Tumba de Bahá'u'lláh.

Múltiples Maravillas y Prodigios

POR RAZONES PROPIAS de él, el dueño de Bahjí (el nombre significa "deleite") tenía la siguiente inscripción en Árabe pintada sobre la entrada principal: "Bienvenidas y salutaciones se encuentran en esta mansión que aumenta en esplendor con el paso del tiempo.

Múltiples maravillas y prodigios se hallan aquí y la pluma se desconcierta al tratar de describirlos."

Durante sus años en Bahjí, el mismo Bahá'u'lláh dijo: "Verdaderamente, verdaderamente, la prisión más desdichada se ha convertido en un paraíso del Edén."

No solo se dirigían los peregrinos como ríos a Bahjí, sino que la Fe Bahá'í comenzó a expandirse, llevada por maestros que fueron enviados por Bahá'u'lláh más allá de las fronteras de Irán, Irak y la Tierra Santa hasta Rusia, India, Burma y Egipto. La correspondencia de Bahá'u'lláh con los bahá'ís de esos países era prodigiosa. Empezaron a publicarse volúmenes de sus escrituras y Él continuó revelando Tablas tales como "Las

Palabras del Paraíso", "Las Buenas Nuevas", "La Tabla de la Sabiduría" y su propia recopilación de enseñanzas llamadas "La Epístola al Hijo del Lobo" por estar dirigida a uno de los perseguidores de bahá'ís exigiendo su arrepentimiento.

En cumplimiento de una profecía bíblica, Bahá'u'lláh visitó el Monte Carmelo, donde hoy se encuentra el Centro Mundial Bahá'í. Él pudo visitarlo tres veces. En 1883 y 1890; y en el verano de 1891, cuando pasó tres meses allí. Fue entonces cuando le señaló a 'Abdu'l-Bahá, el lugar de la tumba del Báb previendo el momento en 1909 en que 'Abdu'l-Bahá, con el cabello blanco para ese entonces, depositaría en su último lugar de reposo el féretro conteniendo los restos mortales del Báb, que estuvieron escondidos en lugares secretos durante más de medio siglo.

Bahá'u'lláh escribió en la Tabla del Carmelo, dirigiéndose a la montaña sagrada: "¡Llama a Zión, Oh Carmelo! Y anuncia las felices nuevas: ¡El que estaba oculto a los ojos mortales ha venido! Su Soberanía que todo lo conquista está manifiesta; Su Resplandor que todo lo abarca se ha revelado."

Pasó la noche en una casa de un señor que era Templario y en una hostería cerca del mar que era cuidada por los Templarios. Los miembros de la Sociedad del Templo eran una colonia de zelotes quienes habían emigrado de Alemania a la Tierra Santa alrededor de 1870. Decepcionados con sus esperanzas de que Cristo volvería en 1837, fundaron una colonia cristiana en las faldas del Monte Carmelo. Una de sus casas tenía pintada sobre su puerta principal un mensaje: "Der Herr ist nah" ("El Señor está cerca"). Durante una enfermedad breve, Bahá'u'lláh estuvo en esa casa para ser atendido por un doctor. Los Templarios no reconocieron la majestad y soberanía de Bahá'u'lláh pero se supo que unos de los descendientes de los Templarios se hicieron bahá'ís en Australia y se sintieron profundamente emocionados cuando viajaron como peregrinos modernos a esos lugares y se dieron cuenta de que Bahá'u'lláh había estado tan cerca de sus ancestros.

Lo Recuerdo a Él y a Su Majestad Irresistible

🙵 MUCHOS DE LOS peregrinos bahá'ís quienes hoy viajan de todos los rincones de la Tierra, al Monte Carmelo, no tienen antecedentes que los liguen al fundador de su Fe. Ellos están creando su legado en estos días para sus familias. Ellos son quienes han reconocido a Bahá'u'lláh y se deleitan al caminar por los senderos donde Él una vez caminó. Ellos recuerdan como Él exhortaba a sus seguidores a regocijarse de conocerlo. Ellos han escuchado anécdotas como éstas que hablan de su humor, su ternura y su merced.

Un bahá'í quien era un niño de cuatro años cuando estaba en Bahjí recuerda que conoció a Bahá'u'lláh en penosas circunstancias. Resulta que el niño estaba en la despensa robándose azúcar cuando de repente se encontró con Bahá'u'lláh, sonriéndole y haciéndole señas de que fuera a una mesa que estaba llena de dulces. Le ofreció al niño un plato de almendrado. El niño solo los miraba. Quería agarrar el dulce que le ofrecía, pero cómo los podía agarrar si sus puños estaban llenos de azúcar? Finalmente agarró una galleta con los dientes. Bahá'u'lláh se rió y le colocó sobre sus puños cerrados una segunda y una tercer galleta y lo mandó a jugar.

Una venerable mujer bahá'í, llamada Murassa, gustaba de platicar de cómo cuando era niña la llevaron con Bahá'u'lláh. Él la acarició y agarrándola de la mano, la guió a una repisa y le enseñó que había dos tipos de dulces, pidiéndole que agarrara el que ella quisiera. Ella escogió almendras azucaradas y Él le llenó copiosamente las manos. Todo esto mientras Él sonreía y le tocaba las mejillas. Ella decía: "Me acuerdo como si estuviera sucediendo ahora mismo, lo recuerdo a Él y a su majestad irresistible, su maravilla y su gloria! Lo recuerdo en detalle."

El Dr. Zia Baghdadi, cuando era niño estaba con Bahá'u'lláh en Bahjí y relata: "Solía sostenerme de la mano mientras caminaba de un lado al otro de Su enorme cuarto revelando tablas sagradas y cantando oraciones con su voz melodiosa mientras uno de sus asistentes lo escribía. Aquí lo vi enseñando y bendiciendo a los peregrinos que venían de todas partes. En los días más calurosos yo lo acompañaba a la alcoba exterior que era más fresca . . . .

"De su vestimenta de color claro, que era similar a la de todos los profetas de la antigüedad, siempre inhalé el olor a agua de rosas. A veces, Él pasaba media hora en la alcoba y mis ojos se mantenían fijos observando su cara majestuosa. Pero cuando Él me miraba con esos ojos penetrantes, pero de lo más cariñosos, yo tenía que mirar hacia el suelo."

"Cuando lo visité por primera vez," dijo el Dr. Baghdadi, "cuando me preguntó acerca de mi salud, le contesté en Árabe "*Mabsoot*" (estoy feliz.) Me preguntó por mi padre y le volví a responder "*mabsoot.*" Lo mismo respondí cuando me preguntó por mi madre. Desde entonces Bahá'u'lláh me llamó "Mabsoot Effendi (El que es feliz)."

El Ruiseñor del Paraíso

🖋 BAHÁ'U'LLÁH SE INTERESABA personalmente en la salud y bienestar de sus amigos, los detalles de sus vidas, y que sus necesidades estuvieran satisfechas.

Ningún dolor era demasiado pequeño para ganarse su simpatía y siempre estaba dispuesto a elogiar, y nunca a culpar o criticar. Su mayor deseo era que sus seguidores estuvieran unidos en el amor del uno por el otro, y que fueran amables el uno con el otro.

Para ellos, Él era el que daba la vida y no se podían imaginar su existencia sin Él.

Pero llegó el momento. Bahá'u'lláh tenía setenta y cinco años, y estaba fatigado y listo para su liberación. 'Abdu'l-Bahá se acuerda: "Yo estaba ocupado recogiendo los papeles de sus asuntos que estaban regados por todo el sillón en la recamara de Bahjí donde Él escribía, cuando me dijo: 'Ya no tiene sentido recogerlos, debo dejarlos, y partir.'"

Durante su última enfermedad, llamó a los bahá'ís ante Él; y a pesar de todo lo que había visto y soportado, a pesar del conocimiento intimo de las faltas y flaquezas de la gente que los rodeaba, solo les dijo, "Estoy satisfecho con todos ustedes. Todos han rendido muchos servicios y han sido muy dedicados a sus labores."

Al escucharle decir eso, un hombre se puso a llorar desconsoladamente. En ese momento, "La Bendita Perfección me llamó junto a Él, lo obedecí y usando su pañuelo me limpió las lágrimas de las mejillas. Cuando lo hacía, me llegaron a la mente las palabras de Isaías: 'Y el Señor enjugará las lágrimas de todos los rostros.'"

Otro discípulo contó que Bahá'u'lláh estaba enfermo, recargado sobre sus almohadas y con un bahá'í a cada lado abanicándole para calmar su fiebre y otros alrededor de Él. Dijo que Él citó de su propia revelación: "No os perturbéis ... Levantaos a promover Mi Causa." Y que ordenó a sus seguidores a "evitar la discordia" y a estar unidos y en paz.

El 29 de mayo de 1892, el espíritu de Bahá'u'lláh ascendió. Aquellos que dejó se quedaron con el consuelo de que Él había asegurado su unidad y protegido Su revelación nombrando a 'Abdu'l-Bahá como el centro de Su convenio y el eje de Su Fe, asi como el único intérprete de Sus enseñanzas.

EL RUISEÑOR, BAHÁ'U'LLÁH

El Ruiseñor ha emprendido el vuelo, y aún así . . .

He aquí, el Ruiseñor del Paraíso
canta sobre las ramas del Árbol de la Eternidad,
dulces y sagradas melodías,
proclamando a los sinceros
las buenas nuevas de la proximidad de Dios . . .

www.ingramcontent.com/pod-product-compliance
Lightning Source LLC
Chambersburg PA
CBHW020853090426
42736CB00008B/363